「奇跡の進学塾」
リトルジーニアスの挑戦

Little Genius

仲戸川 智
Satoru Nakatogawa

論　創　社

まえがき

わたくしたちは、世田谷の閑静な住宅街に、小さな個人塾を構えています。

塾名は「リトルジーニアス」。

小学生を対象とし、主に中学受験の勉強を見ています。塾名の「リトル」がしめす通り、きわめて小規模な進学塾です。二〇一四年には、港区白金にも新教室を開設する予定です。こちらも、少人数を対象とした小規模教室です。

「リトルジーニアス」は、塾長のわたくしを含め、講師は現在五名。そのうちひとりは、共同経営者でもあり、約三十年以上にわたって某大手進学塾で講師を務めた経験があり、この「リトルジーニアス」の前身となる学習塾を自宅で立ち上げた、わたくしの妻です。

小規模塾と申し上げましたが、わたくしたちは「小規模」であることを大きな誇りに思っています。在籍する塾生の数は、多いときでも四十人ほどしかいません。そして、受験学年である小学校六年生は、十名に満たないことすらあるという、本当に小規模な塾です。でも、小規模であるからこそできる指導があります。そして、小規模な運営でなければできない対応を日夜、いっしょうけんめいに実践している塾だと自負いたしております。

わたくしたちの運営する、この「リトルジーニアス」は、しばしば「奇跡の塾」と呼ばれることがあります。

各種マスコミ等での進学塾報道や、実際に塾に通っておられるお子さんの保護者の方々からも、「奇跡」をおこす塾であるかのように言われることが珍しくありません。

なにが、「奇跡」なのでしょうか。

一般に「奇跡」とは、「常識で考えては起こりえない、不思議な出来事・現象」をさすのではないかと思います。中学受験の常識では、ふつうは合格することができないであろうお子さんたちが、つぎつぎと志望校に合格を果たしています。

そうしたお子さんたちの努力の過程と、合格までの道のりを共に歩んできた、わたくしたちには、奇跡でもなんでもない当然のことなのですが、「リトルジーニアス」の門をたたく以前の状況しかご存じない人には、まさしく「奇跡」と映るのではないかと思っています。

「あの子があの中学に受かるなんて」

「この子が机に向かって勉強するなんて」

「まるで奇跡です」

そういう人たちの気持ちも、わからなくはありません。

わたくしたち「リトルジーニアス」では、もしかすると他の進学塾では受け入れを拒まれるかもしれない、いわゆる「おちこぼれ」と呼ばれるようなお子さんも喜んでお引き受けするようにしています。そうしたお子さんにこそ、周囲の大人が優

「リトルジーニアス」用賀校

れた環境を用意してあげなければいけないと考えているからです。「おちこぼれ」というのは、周囲が不用意に付した誤ったレッテルでしかありません。じつは、伸ばしていける隠れた資質を有しているにもかかわらず、既成の評価基準や指導しやすい子どもだけを対象にしたシステムのなかで、大人が「おちこぼして」しまっただけのことが、きわめて多いからです。

無限の可能性がある子どもたち。わずか十歳か十二歳という時期に、「この子はダメ」というような判断をしてしまっていいはずがありません。適切なアドバイスと、根気よく学習を継続するアシストによって、「奇跡」と思える変貌をとげるお子さんは、それは数多くいるのです。

社会も多様化し、さまざまな価値観によりそったライフスタイルを送る現代において、お子さんにどのような教育環境を用意するかという観点で、とくに中等教育の場として私立（国公立）中高一貫校を選ぶご家庭が増えてきました。

東京を中心とする首都圏においては、この傾向はとくに顕著であり、単純に平均して十数パーセントから二十パーセント以上もの小学校六年生が中学受験に臨むようになってきました。厳しい経済状況のもとであっても、この数値が大幅に減少することはなく、ほぼ毎年、私立中学受験を志す一定の層が常にいるのです。

これは、ある意味で当然のことでしょう。中学受験をせずに地域の公立中学校に進学するなら学費もかからず、入試もありませんから、とくに受験準備は不要です。しかし、私立中学を受験するということは、各ご家庭において好ましいと思う中等教育環境を主体的に選びとることができることが最大のメリットです。可塑性に富んだ十三歳から十八歳という期間、どのような教育環境で過ごすかは、そのお子さんの人生に大きな影響を与えるであろうことを考慮するなら、あえて中学受験にチャレンジさせようという保護者が一定数以上いることは不思議ではないと思います。

そして、その背景には、実際に中高一貫校に進んだ多くの方々が、その選択が正しかったと実感している事実があり、社会構成のなかで、中学受験を経ての中等教育を受けた人たちが一定の地歩をしっかりと築いておられることも大きな要因といえるでしょう。首都圏などにおいては、私立中高出身の親御さんがお子さんを中学受験させる事例が多いことがこれを物語っています。

しばしば、有名難関大学への進学実績において私立中高一貫校が、他を圧する合格実績を出していることが喧伝されます。そうした部分もたしかにひとつの要素ではあるでしょうが、それ以上に、優れた生活空間において学校生活を送ることができること、好ましい教育環境をご家庭が選択できるということが、この中学受験を志す大きな理由ではないかと考えています。

その私立中学受験、ことに有名私立中学への受験を考えるようなご家族は、最近では、ほぼ皆さんが一様に、受験準備の学習をさせるために、超有名大手塾にお子さんを託すのではないでしょうか。主なターミナル駅前ごとに教室を展開し、在籍者数の多さから、難関有名中学校への合格者数も目覚ましいものがあります。そうした進学塾であるなら、「わが子も、合格できるだろう」とお考えになるのは、親御さんとしては当然なのかもしれません。

現今の中学受験は、かなり優秀なお子さんであったとしても、塾に通わずに自学自習のみで入学試験を突破することは現実的に不可能です。もちろん、ごくごくまれに天才的に優秀なお子さんもおられますので絶対に無理とはいいませんが、ふつうは進学塾や家庭教師等による受験用の指導を受けなければ難関校の合格はむずかしいのが現実です。

というわけで、おおいに宣伝され、有名になっている大手進学塾に中学受験準備のために通うことになります。そうした大手塾のシステム、指導がお子さんに合っていればいいのですが、かなり多くの割合で、塾のやり方になじめなかったり、塾の勉強についていくことができないという状況が残念ながら生じています。そして、そうしたお子さんの数は、きわめて多いというのが、わたくしたちの実感でもあります。

そうした事例を個々に詳しく分析してみますと、けっして、お子さんご本人に責めがあるわけではありません。大手塾の学習というものに適合していなかったり、それぞれのお子さんの個性として大手塾の方式が合っていない場合がほとんどです。さらには、お子さんが自閉症的な要素をもっていたり、学習障害のような課題がある場合も少なくないのが現状です。

だからといって、こうした大手塾になじめないお子さんたちが、勉強という観点でまったくダメなのかといえば、そうではありません。かれらは、学習システムが合っていなかったり、そもそも勉強の前提となる部分の習得に失敗しているだけで、基本的に有している潜在的な能力、資質という部分では、けっして著しく劣るということはないのです。しかし、塾での「おちこぼれ」というレッテルを貼られ、勉強になじめず、かわいそうにも周囲からののしられたり、バカにされてしまうことで、本人は勉強をしたいという気持ちがあって塾に通ったはずなのに、しだいに勉強そのものが嫌いになってしまいます。

わたくしたち「リトルジーニアス」は、そうしたお子さんたちの受け皿として、「大手塾でダメだったお子さんも再生させる塾」として機能していこうと、塾を始めました。

「リトルジーニアス」に最初にやってくるとき、お子さんと一緒に見えられるお母様がたは、お子さんの勉強をどうしたらいいのか分からず、途方に暮れたように見受けられます。受験勉強に追い立てられ、大手進学塾の過激な受験戦争において

「戦闘能力ナシ」と判断されたわが子に、どう対応すべきか悩んでおられる方々ばかりです。

「どうしようもありません。でも、うちの子はなんとかなりませんか」

親御さんの悲痛な叫びは、わたくしも子を持つ親の一人として痛いほど伝わってきます。

「なんとかしましょう」

「だいじょうぶです」

と、お子さんをお預かりするのが、わたくしたち「リトルジーニアス」です。

なかには、学校にも登校できない状況であったり、学校や塾で「いじめ」を受けているというお子さんもいます。どこかで、だれかが手をさしのべなければいけないお子さんたちです。そして、お子さんやご家庭が希望するなら、そうしたお子さんにも私立中学進学の機会を与えていくことが、わたくしたちの使命です。

さまざまな課題を有したお子さんたちであっても、しっかりとお預かりし、中学受験を成功させ、たしかな実績を積み重ねてきたのが「リトルジーニアス」です。それぞれが有していた課題の重さを知る方からすると、結果としての受験成功は、「奇跡」に見えるのかもしれません。

でも、わたくしたちからすれば、それは奇跡でもなんでもなく、当然のことだと思っています。お子さんの伸ばし方、接し方は、けっして一通りしかないものではありません。それぞれの個性をしっかりと把握し、ていねいに時間をかけて対応していくならば、たとえ大手進学塾でうまくいかなかったり、さまざまな困難な課題を背負っているようなお子さんでも、かならず周囲が驚くような成長を遂げるものです。やり方しだいで、それぞれのお子さんは、いくらでも伸びていくという事例を、それは多く目にしてきました。

わたくしたちは、長年にわたっての経験から、そのノウハウと信念、そして、わたくしたち夫婦の不屈のスピリッツにより、一人ひとりのお子さんと正面から接し、一つずつ積み上げてきたと自負しております。

そんなスピリッツをお伝えできればと、本書の刊行を決意しました。

本書によって、わたくしたちの信念をご理解いただき、苛酷な受験状況のもとで、追い立てられ途方に暮れてしまった親御さんたちを、少しでも勇気づけられる部分があるとすれば望外の幸せです。

目次

1

大手進学塾で、だめになる子どもたち

2 中学受験の本質に迫る

5

リトルジーニアスの歩み

1

大手進学塾で、
だめになる子どもたち

S君は「勉強ができない子」だった

S君というお子さんがいました。

はっきり言って、全く勉強のできない子で、進学塾どころか公立小学校の教室内においてすら、「勉強ができない子」と決めつけられ、周囲から常に差別的な扱いを受けていました。それは気の毒な状況としかいいようがありませんでした。

ご両親は、そうしたS君の状況を察し、小学校の環境がそのまま公立中学校に移行してしまっては中学以降の学校生活も暗黒にならざるを得ないということで、中学受験によって周囲の環境をリセットしたいとお考えになりました。

それは、正しい選択であったろうと思います。S君のみならず、昨今の都会地において少子化から児童数が減少しつつある学校現場では、各学年が一クラスのみの単学級構成という都会地の小学校も増加しつつあります。学年が進行しても、クラス替えができないことから、前学年の人間関係が次の学年にも続いてしまいます。児童の構成を変えることができないので、学級担任の教諭を年ごとに交代させるという手法をとっている場合もありますが、教諭側が状況をつかみきれないうちに一年が経過してしまい、「いじめ」や児童相互間の課題などを把握できないということも、よくあるようです。

「いじめ」については、その定義や、状況はさまざまであろうと思います。周囲は「いじめ」の意識はなくとも、当事者であるお子さんにとって、辛く苦しい状況は、どう解釈しようと「いじめ」にほかなりません。

「S君は勉強ができない」

「S君は、ダメだよ」

そんな周囲の発言や無言の評価というものが、S君にとってどれだけ辛いものだったことでしょう。

「いじめ」環境をリセットするために

それでも、もし、中学進学段階において、これまでと全く異なった環境で、リスタートできるとするなら、救われる可能性は大です。そのためには、中学校を選択できる状況を獲得しなければなりません。つまりは、私立中受験を突破しなければ、S君のリセットは不可能です。「いじめ」環境から脱しようというわけです。

これは一見、消極的な方策のように他者からは見えるかもしれません。しかし、深刻な「いじめ」に苦しむ親子にとって、きわめて有効な方法なのです。実際、小学校で陰湿な「いじめ」に悩み、それが原因で私立中受験を志す人というのは、かなりの数が存在することも、悲しい事実なのです。S君のように勉強に課題があるわけではなくても、公立小学校の人間関係とは異なった環境を選ぶことが主目的で私立中受験をされている方は相当数にのぼるはずです。

中学受験は厳しい得点競争社会である

さて、S君が中学校から新しい環境を獲得する目的を達するため、ご両親は中学受験対策として、ある大手進学塾にS君を通塾させはじめました。一定の合格実績もあることから、ここで勉強しさえすれば、きっと学力も伸びるだろうと期待を込めての塾通いでした。親御さんも、時間的、経済的な負担を覚悟し、S君の将来を思っての選択であったといえるでしょう。

しかし、S君は、小学校の授業内容においてすら消化しきれていないのですから、難解な進学塾の教材や、ものすごいスピードの授業展開についていけるはずもありません。そして、毎回だされる圧倒的な分量の塾の宿題など、どうにも手がつきませんでした。

そして何より問題だったのは、バカにされ「いじめ」られる環境から脱するために中学受験を志したにもかかわらず、その準備にあたる進学塾において小学校の教室以上の屈辱をS君は味わうことを強要されてしまったのでした。

というのも、中学受験はある意味において、きわめて合理的でかつ厳しい競争原理が展開される世界です。その善悪は別として、偏差値に代表される数値化された学力によって、そのすべてが決せられます。実際には、偏差値など、たんに当該学校への合格可能性を数値化しただけのものに過ぎないのですが、あまりにその存在が普遍化し過ぎたために、偏差値イコール受験生の人間性評価という誤ったとらえられかたがされるようになってしまいました。

進学塾では、一定部分において各種試験の成績は公表され、成績優秀者はその名前がはりだされたり、塾内の多くの人に知られる仕組みになっています。また、多くの塾生をより効率的に指導するため、同学年において成績別にクラス編成を実施することで、適切な受験指導を徹底するシステムが採用されています。

S君のような塾生は、当然ながら塾のクラス分けにおいても最下層のクラスに入れられてしまいます。

ある一時期のテスト得点という「学力」を基準にして冷徹な峻別をされてしまうのが、大手進学塾の実情なのです。

これは、けっして大手進学塾が悪いというのではなく、中学入試が入学試験日の得点によって合否が決せられるため、それにもっとも効率的に対応するには、学力を基準にクラス編成をし、同時にテストの得点によって互いが切磋琢磨できる環境を創出することが、結果として各人の合格に近づくであろうという考えからのことです。

したがって、大手進学塾における子ども社会は、テストの点数がすべてであり、

S君のように試験で得点がとれない子は、小学校の教室内にも増して、身をおくべき場所を見つけにくいことになってしまいがちなのです。

中学入試は公平な競争である

ここで、本題とは少しずれますが、誤解のないようにあえて申し上げますが、中学入試が学力を基準に合否決定されていることそのものに罪があるのではありません。むしろ中学受験が学力のみで、ほぼ決せられているのは、もっとも公平な入学者選抜であるという考え方すら成り立つのではないかと思うのです。

私立（国立）小学校入試、高校入試、大学入試、大学院入試などなど、わが国の学校制度における入学試験にもさまざまありますが、これらの中で中学入試が、もっとも公平で単純・明快に合否が決せられるものだといえます。

小学校入試などは、ご家庭の環境や周囲の大人によって大きく左右されがちですし、行動観察や面接など主観的な要素で合否が決められる面があります。

高校入試は、とくに公立高校入試においては在籍中学校からの調査書（内申書）の数値が合否に大きな影響を与えるとともに、かなりの私立高校入試において推薦入学がなされているのが実態です。

大学入試も一部の難関有名大学を除いては、AO入試、自己推薦入試等々があり、大学入試センター試験もあいまって、その入学者選抜は複雑多岐な様相です。

これらに対し、中学受験は、きわめて単純で明快な入学者選抜制度といえます。ほとんどの私立中学校が入学試験日に実施する学力試験の結果のみを合否判断材料として、合否が決せられます。もちろん、面接（口頭試問）や実技試験を課す学校もありますが、合否は主に学力試験の得点によって決められています。あえて面接を実施しない中学校も多くなってきているのが実情です。

合格点に到達すれば合格、一点でも合格点に届かなければ不合格ということになります。その境界は明確であり、冷徹な数字の世界となります。ただ、それだけにだれにとっても公平であり、点数さえ合格点に到達すればいいわけです。中学入試においても在籍小学校からの調査書の提出を要請される学校もありますが、次第に減少し、小学校での通知票コピーで代用する学校が多くなってきています。調査書

中学受験をめざす進学塾

内容を合否判断の要素としない私立中学がほとんどといえるでしょう。

また、一部に「私立中学校入試に人為的な操作がある」というようなお考えの方がおられるようです。平たく言えば、「裏口入学」「情実入試合格」が蔓延しているというのです。その種の内容を本にして出版しておられる方もいます。

しかし、これは明確に誤りだと断言できます。私立中学校ご関係者も一様に否定されるに違いありません。こと私立中学受験においては、各校が公平な入試実施に努め、疑惑を招くような入学者選抜は一切していないのが実態です。長年、私立中入試に携わってきた者として、この部分において、各学校がそれぞれ相当の努力を傾注していることをわたくしは知っています。大手、中小を問わず、中学受験指導に携わる塾関係者においても、この点は共通して認識し、私立中学校を信頼して受験指導をしています。もし、それを裏切るようなことがあれば、塾関係者には人為的操作の存在が判明してしまうはずです。

入試結果の公表に応じる学校も増えてきています。もし、一部の方々が喧伝するような不正が存在するとするなら、入学試験の得点を伝えることはしないはずです。

そして、そうした事実は、自然に人々に伝わり、支持を失い中学受験そのものが成立しない状況になるに違いありません。中学受験に携わる多くの人たちが、その公平性を担保することに努力している世界でもあります。「私立中入試は不正ばかりだ」と出版しておられるのに著者が匿名であることが、その主張がいかに信頼に欠けるものかを証明しているように思えてなりません。

つまり、言い換えれば、「きちんと得点できる力」をつけさえすれば、私立中入試は突破できるのです。

「リトルジーニアス」に来たときのS君は

S君は、中学受験をめざして大手進学塾に通ってはいましたが、やはり勉強についていくことができず、わたくしたちの「リトルジーニアス」にやってきました。

お母様から、状況を子細に伺いました。S君が気の毒に思えてなりませんでした。なんとかできるものなら、してあげたい、強くそう思いました。ご両親がお考え

教室内ではクツをぬいで学習

になったように、今のS君の状況を打開する最善の方策は、私立中学校を選択して進学することだろうという点も同感でした。これまでにも、同様の選択をして、S君のような苦境から脱したお子さんを何人も見ていたからでもありました。

しかし、入学試験の関門は突破しなければなりません。また、S君に合った学校、周囲の大人が考えてS君に入ってほしい学校となると、それなりの学力がなければ、その門戸を開くことはできないのです。

そこで、まず、現在の学力はどのようなものか拝見することにしました。

ある程度の予想はしていましたが、なかなか深刻な状況です。受験レベルではなく、通常の公立小学校の教科書レベルが身についていません。ごく普通の同学年の小学生がほぼ解けるであろう基本問題にすら、まるで歯が立たない状況です。

私立中学校に入学させたいという強い希望をお持ちのお母様も、このS君の学力には、途方に暮れ、その表情は端で見ていても辛そうで直視できないほどでした。

なぜ、大手進学塾であぶれるのか

このS君のように、有名大手進学塾で「あぶれてしまう」子どもとは、どんな子なのでしょうか。じつは、そうしたお子さんは、きわめて多いのが現実です。

この答えは非常にシンプルです。

それは、勉強がわからなくなってしまう子たちです。

では勉強がわからなくなる子というのは、どんな子なのでしょう。

その特徴を列挙すると次のようになります。

- 内向的である（他の子を押しのけて前に出られない）
- 精神年齢が低い
- 周りに流されやすい
- あまり自己主張ができない

これらを見ると、否定的な評価となりがちですが、それは適切な分析とはいえないと思います。そうではなく、お子さんの傾向性として、おとなしかったり、素直であるがゆえに影響を受けやすく、どちらかというと楽しい方に流されがちであるといった特徴があるだろうと思います。これらは、けっして特別なことではなく、かなり多くのお子さんにおいて同様の要素をもっているかもしれないことなのです。

そして、たとえこうした傾向性があるからといって、そのお子さんがダメだとは言い切れないという点が大切です。その潜在的な資質においては、外向的で精神年齢が高めで自己主張をきちんとできる子より、優れたものを有していることも多いのです。

ただ、現在の大手進学塾のシステムや授業進行に自然に合わせるという観点においで、こうしたお子さんは、どうしても不適合となりがちな面が多いのです。

つまり、お子さんの傾向性によっては、大手進学塾は向かず、思うように学力が伸びないことも珍しくはないのです。そして、そうした事例は極めて多いと言わざるを得ません。何度も申し上げるように、そうしたお子さんが学習・勉強という面で、まったくダメなのではありません。ましてや人間的な評価という面で、マイナスの評価をしてはいけないと思います。

子どもらしさとか、心の柔らかさ、人としての優しさというような目に見えにくい部分においては、大手進学塾に向いた外交的な要素を強く出す子たちとは違った、素晴らしい資質を有していることを周囲の大人は知らなければならないのではないでしょうか。

もちろん、大手進学塾でうまくやっていけないということは、内向的で自分の考えを他者にうまく伝えられず、要領よく立ち回ることができないため集中力が欠けがちであり、結果として少しでも楽な道を選びがちな側面があります。そのため、得点勝負の学力の世界では、どうしても不利な状況に追いやられてしまう子どもたちなのです。

S君は、そうした大手進学塾に不向きな代表ともいえる子でした。

大手進学塾の指導システムとは

では、ここで大手進学塾の指導システムについて概観してみることにしましょう。

有名な大手進学塾とはいっても、一般に小学校五年生のはじめごろ、つまり夏休み前ぐらいまでは、基礎・基本の習得を中心とし、公立小学校での学習内容を先取りするといった程度の授業がほとんどです。もちろん、公立小学校では扱わないレベルの問題を教材としたり、表面上は容易に見えてじつは深い内容の問題を教えるという部分はあります。

この小学校五年生のはじめごろまでは、とくに進学塾についていけないという状況が、著しく顕著になることは少ないのかもしれません。しかしながら、すでに明確な学力差がついている部分もあります。ただ、その学力の違いがあまり表面化しない時期だといえるのかもしれません。

しかしながら、小学校五年生の夏休み過ぎごろを境として、学習の質が劇的に一変します。それは、一年半後に迎える中学入試に対応する学力養成ということからすると、大手進学塾としては当然のことなのだろうと思います。

入試実践力を意識した指導を早い段階から意識せざるを得ないのが大手進学塾です。難関校を一人でも多くの塾生が突破するためには、難度の高い問題に慣れるとともに、深い思考力、的確な表現力を涵養することが不可欠であるからです。したがって、テキストの内容も高度となり、その分量も激増する時期です。

そして、学習内容の質的変化は、子どもの傾向性によって、塾の授業に不適応な子どもたちをはじき飛ばす結果をもたらします。指導者側が意図する速度についてこられる子、予定されたカリキュラムに無理なく乗ってこられる子たちを対象とした授業や試験が展開されるのが大手進学塾なのです。

けっして、わたくしは大手進学塾の批判をしているのではありません。難関私立国立中学校の入試問題に、数多くの塾生が対応できるようにするためには、こうした方策をとらざるを得ない面もあるといえるでしょう。多人数の一斉授業においては、この段階で指導レベルを下げてしまうと、難関入試問題レベルに到達することは困難になるからです。一定数の子どもがついてこられないであろうことは、ベテラン講師であればじゅうぶんに承知しているはずです。そして、そうした事態をなるべく少なくしようと努力もしているだろうと思います。

そのために、どうしても宿題が増えたり、家庭での補助によって塾の進度についていけるように補充することが必要となってきます。

このような学習内容の質的変化があっても、それにふるい落とされることなく、そのシステムに乗って、どんどん学力をつけられる子も少数ながらいることは事実です。もともと勉強の素質があったり、家庭環境に恵まれ塾のペースに合わせて家庭での自然なかたちでの補助ができる子、そして数は少ないのですが素晴らしく優秀で天才児に近いのではないかと思われるような子たちです。ここで、「天才児」とはいっても、あくまで小学生としてという限定付きです。この段階で素晴らしく優秀だったのに、中高生となって成績がふるわないということも珍しくないからです。

この段階においては、それぞれのお子さんの個別状況も影響してきます。たとえば、四月生まれのお子さんは、早生まれの二月・三月生まれのお子さんに比べて精神年齢が高く、塾の指導内容の変化に対応しやすいといえるでしょう。一般論ではありますが、早生まれのお子さんは、こうした場合に苦労することが多いようです。

考えてみれば、それも当然で、十一歳、十二歳という年齢における一年間は、その人生経験の時間量において一割近くの差となり、さまざまな側面に違いがあるであろうことは容易に想像できます。米国の研究者によれば、この差は十八歳近くまで影響するとの考察結果もあるのだと聞いたことがあります。中学入試では、生まれ月が考慮されて合否判断がなされることはありませんから、早生まれのお子さんは少しだけハンディを負っているといえないこともないでしょう。

さらに、お子さんの性格も前述したように内向的であると、こうした塾における指導レベルの激変についていけなくなりがちです。一人っ子であったり長男・長女であるような場合には、家庭内において人との対応という点での要領をつかむことができず、塾においても先生との距離の取り方が不得手であるようです。その反面、そうした要領を自然につかんでいるお子さんは、塾においても大人の考えが理解できることから、的確な身の処し方を心得ています。

大手進学塾への過信は禁物

親御さんのなかには、大手進学塾にお子さんを入れたことだけで安心してしまわれる場合も多いようです。なかには、「難関中学校には入れないかもしれないけれども、有名進学塾に行かせることに意味がある」とお考えの方もおられると聞きます。

こうした大手進学塾への過信は禁物です。「塾がなんとかしてくれるだろう」と思うのは甘いのです。大手塾は、一定以上の難関有名中学校への合格者を輩出しなければ、次年度の塾生募集に大きな影響が出てしまいます。ですから、主に注力するのは、そうした塾の実績となる層をいかに育てあげるかに焦点が絞られるのです。なかなか塾の授業についていけない層をていねいに面倒を見ることは、残念ながら大手塾は得意でもなく、また企業という観点からも主力とはしがたいのです。

大手進学塾のシステムに適合した少数のお子さんを除いて、多くの子どもたちは、大手塾の授業や指導から、どんどん脱落していってしまいます。S君もそうした子どもの一人でした。

熱心に休むことなく塾に通って授業を受けてはいます。テストも決められたものを受験し続けていました。しかし、授業はさっぱり分からなくなってきました。「分からなければ質問しなさい」と言われても、どのタイミングで何を質問すればいいのかがそもそも分かりません。小学生の場合、適切に先生に質問ができる子というのは、じつは質問する必要はなく、自分で自分の弱点を客観視できる能力を有している場合がほとんどなのです。ですから、「質問しなさい」「質問に応じます」といっても、授業についてこられない子たちにとって、何の意味もないことであり、それで救われるわけではないのです。

大手塾のシステムのなかで、しだいに塾についていけない子たちは、勉強が分からないまま放置され、テストがあれば得点できない、できない子、ダメな子として色づけされていきます。早い段階で、その状況に親御さんが気づき、なんらかの手を打てば救われる道もあるのですが、多くの場合、お子さんが悪いとか、努力不足だろうというような判断をしてしまい、本来は罪のないお子さんに責任を押しつけて気づかずに過ごしてしまうことが多いのです。

この時点においても、子どもたちは真剣ですし、まじめに勉強しようという意欲はあるのです。だから、休まずに塾には行きます。ただ、勉強は分からず、おもしろくありません。常にテストの得点で引け目を感じる生活を強いられる塾での毎日でもあります。勉強しよう、復習しよう、基礎を固め直そう、そう思っても、そのとっかかりすら見いだすことができず、ただただ時間だけが無為に過ぎていってしまいます。

せっかく私立中受験というモチベーションがあり、勉強しようという意欲があったのに、いつの間にかふさぎ込むようになったり、勉強から遠ざかるようになってしまう子も増えてきます。

結果的には、多くのお子さんが大手塾から脱落してしまうのです。

2

中学受験の本質に迫る

本当に「勉強ができる」とは

大手塾で脱落してしまったお子さんを見る親御さんの目が、一様に厳しいことをわたくしは残念に思っています。

中学受験という明確な目標をもち、たしかに本人も納得したうえで塾に通い始めたはずです。きちんと通っているので安心していたのに、いつの間にか塾についていけなくなって、ついにはせっかく入った塾を脱落してしまったということで、お子さんに厳しい目を向けがちです。

S君のお母様も例外ではありませんでした。

小学校の成績すらも悪かったS君でした。学校で成績のことが原因での「いじめ」を受けているふしもあったことから、できることなら私立中受験をさせようという考えもあり、大手塾に入塾させたはずです。ところが、その塾でもおちこぼれてしまいました。

「やはり、この子はもともと勉強ができない子なんだ」「勉強は、ダメな子なん

消しゴムのカスを入れる箱が用意されている

だ」と落胆し、絶望しているS君のお母様でした。

なるほど、この時点のS君は、勉強ができない子だと言ってもいいでしょう。

ただ、ここで大事なことは「勉強ができる」ということの意味を大人がしっかりと正しく理解しているかどうか確認してみることではないでしょうか。

大手進学塾のシステムや、世の多くのお母様方が意味する「勉強ができること」は、「テストでは百点満点をとること」「難問をスラスラ解ける学力」などを指すのではないかと思います。

こうした点数で現れる指標はとても分かりやすく、もしわが子が、テストで常に高得点をマークできる子であったとするなら、どんなに安心できることでしょう。数字やポイントで目に見えやすい成果だけが相手であり、かつ結果として得点力がある子であったとするなら周囲の大人も楽かもしれません。

そして、そういう目に見えやすい成果を、あまり時間も手間もかけずにきちんと上げられる子ども、問題の答えを悩まずにすぐに要領よく導き出せる子、習った解法を忠実に再現してテストで得点できる子も、確かにいます。そして、そうした子たちは、その時点においては、確かに勉強ができる子といえるでしょう。

しかし、わたくしは、本当に「勉強ができる」というのは、そういう得点力に直結した力ではないと考えます。勉強や学問というものは、数量化することが本質ではないと思うからです。むしろ、数値結果よりも、勉強することが苦にならない、勉強することにストレスを感じないことが「勉強ができる」ことだと思うのです。

与えられた問題をスラスラ解いて正解にたどりつける、テストで百点がとれるというのは、あくまで結果にしかすぎません。

たしかに、入学試験は残念ながら学力試験問題の得点という数値結果で合否が判断されます。ですから数値結果が重視されるのは仕方のないことかもしれませんが、その結果に行き着くまでの過程こそが、「勉強する」ということだと思うのです。こうした、本来の意味における勉強をしなくても結果が出せるのは、ほんの一握りの天才児だけであり、かれらとて、見えないところでは努力を重ねていたり、本来の勉強に近いかたちでの知識の蓄積行為があったりするのです。ただそれが苦もなくできてしまうから「天才」的なだけなのです。

入学試験を突破するために大切なことは、良い数値結果を常に求めるような姿勢で臨むことではなく、なにが「勉強」であるかを理解し、希望する結果に向けて努力を傾けることなのです。

その過程を着実に前進させることが、合格を呼び込むことにもなるのです。

S君の努力過程はこうだった

S君が、わたくしたちの「リトルジーニアス」を訪れたとき、たしかに勉強の結果を少しも出せない状態でした。問題を解くという前提すら身についておらず、解答に至ることは不可能でした。問題を解くためには、題意を理解し、自分の知っている知識をフル動員して、解法を考えていくという地道な作業が必要です。しかし、S君は、その過程を自ら歩んでいくことができない状態でした。

そこで、最初は、とにかく講師がS君に付きっきりとなり、どんな些細なことであっても、S君が分からなかったり、つまづいた部分を解きほぐすことに専念しました。それは、時間がかかり、かつ教える人間の忍耐力を要する行為でもありまし道でもありました。しかし、S君が「勉強する」状態とするためには、避けて通ることのできないた。

「かならずできるようになる」わたくしたちには、そんな信念があっての「勉強」開始だったのですが、それまで、そういう勉強をしたことがなかったS君にとっては、たいへんなことのようでした。

一つひとつ、石垣を積み重ねるような繰り返しですので、非常に時間がかかります。でも、S君の小さなつまづきを一つ残らずクリアせずには、彼にとっての「勉強」は始まりません。

長時間を要し、授業は通常、夜の十時には終了するのが原則なのですが、S君との勉強は夜中まで続くこともありました。S君が本質的に理解するまでは、帰さないという厳しい心構えで教える側も腹を据え、徹底してほころびを修復し、S君が心の底から「分かった！」といえる状態まで到達することをめざしました。

時間はかかったが結果がでてきた

S君との勉強は、いま思い出しても気の遠くなるような長い時間と、教える側の忍耐の連続だったように思います。でも、S君もがんばっています。けっして教える側が短気になってはなりません。

勉強しようという気持ちを持ち、小さな理解が大きな自信となることの繰り返しは、遠回りなようで、じつは大きな成果をもたらすものです。内気で自信のかけらも感じられなかったS君が、少しずつ少しずつ変わっていきました。それは、まさしく薄紙を積み重ねるように、ほんのわずかずつの進歩でしかありませんでしたが、着実にS君は学力をつけていきました。

S君は、小学校で口さがない同級生に「バカだ」と誇られていました。子どもの世界ですので、遠慮はありません。そして、そう言われても仕方がないと本人も認めている部分すらあったのかもしれません。

でも、S君はバカではありませんでした。それまで、つまづいていた部分を少しずつ克服することで、自分でも意識しないうちに学力がついていったのです。その陰には、彼のたゆまぬ努力があり、あきらめずにS君を支えたご両親の存在があったものと思います。

効率第一主義の昨今、塾についても、「短時間で学力を伸ばします」という塾が教え方が上手であると、もてはやされる傾向があります。時間をかけて、じっくり育て上げるという塾は、「教え方が下手だ」とされるようです。でも、果たしてそうでしょうか。短時間に結果に至る筋道を示すことは、一定の力のある塾講師ならば、大してむずかしいことではありません。入試問題の解法を提示することと、その問題に受験生が再び接したときに解けるように力をつけることは同義ではないのです。

わたくしたちはS君を促成栽培しようとは考えませんでした。たとえ、どんなに時間がかかったとしても、彼の頭のなかで思考回路がきちんと構成できるようにすることをめざしました。教えるというより、S君といっしょに講師も考え、考える道筋を共に歩むという行為の繰り返しをしたつもりです。

S君は、そうした勉強を重ね、中学受験にチャレンジしました。

都会地の小学校ですので、多くの同級生も私立中受験をしました。S君を「バカだ」とののしっていた同級生のなかで、なんとS君は、もっとも偏差値が高いとされる難関私立中学校に合格することができたのです。

「あのバカがどうして?!」

と、同級生たちは、本当に叫んだそうです。

そう語るS君は、合格を果たし、本当に誇らしげでした。

勉強ができないということで、自己肯定感をいだくことができなかったS君が、地道な努力を積み重ねることで、周囲も驚くような結果を出すことができたのでした。

「奇跡を起こす塾」というような言われ方をするようになったエピソードの一つでもある、S君のできごとです。

S君とともに、がんばったわたくしたちの自信にもつながりました。正しいと信じて塾を運営し、子どもの能力を信じ、正しい方法論と子どもの能力開発方法を誤らなければ、周囲の大人しだいで、子どもはどこまでも伸びるのだという実証がしめされたのです。

「おちこぼれ」や、「ダメな子」なんていないのです。

わたくしたち「リトルジーニアス」では、すべての子が輝いています。

子どもの「個性」をしっかり見極める大切さ

大手進学塾から、こぼれおちてしまうお子さんには、非常におっとりした性格であったり、逆に多くのものに関心があるがために落ち着きがなかったりして人の話を聞くことが苦手な場合もあります。

こうしたお子さんも、能力的に劣っていたり、ダメな子ではないのです。ただ、自分前もって用意された大手塾のペースに自分を合わせることができなかったり、自分の身の置き場所が分からないために、ついていけなくなったりしてしまうだけなのです。

こうしたお子さんたちも、一人ひとりをていねいに観察しさえすれば、一見すると短所にも見える部分が大きな才能の片鱗であったり、優れた資質の現れだったりもするのです。

ところが、大手塾は非常に生徒数が多いため、一人ひとりをじっくりとフォローしていくことはできません。また、そうすることは大手塾の目標でもありません。

中学受験における家庭教師の存在

大手塾において、期待されるような学力伸長を果たし、難関校を突破していくお子さんのなかには、ご本人の資質が優れていることの他に、他からは見えないところで、ご家庭で特別な家庭教師の先生にお願いしている場合も少なくありません。

大手進学塾では禁止されていることが多いのですが、その塾の先生が特別に塾生の家庭教師を担当されている場合もあると聞きます。

では、なぜ有名難関塾に通いながら、家庭教師の先生をお願いするのでしょうか。

それも、超有名進学塾の成績上位生に多い傾向なのです。こうした中学受験における家庭教師の役割は、勉強そのものを教えることは、最大目的ではありません。端的に言えば、「学習コーチ」の役割を果たすことです。有名進学塾において与えられる教材量は、膨大です。そのすべてが必要とは限らず、そのお子さんにとって必要不可欠なものは何かを選択し、必要なものを提示することが主な任務です。

さらには、ふつうの塾の授業では言及されない解法の紹介、紙面の都合で解説に記されていない知識などを的確に示してくれることで、より深く学習できる手助けをするのが中学受験における家庭教師の先生なのです。塾では、なかなか質問しにくいようなことにも答えてもらえる利点があり、成績上位者だからこそ活用範囲が広くなるのも中学受験における家庭教師の存在といえます。

一昔前の感覚では、塾に通いながら家庭教師もお願いするというのは、成績不振を挽回するためというものだったのかもしれませんが、最近では成績上位者がより成績を伸ばすために優れた家庭教師を学習コーチとして依頼するという現象も生じてきているのです。少々、皮肉な言い方をするなら、大手進学塾の華々しい合格実績の裏側には、こうした家庭教師の存在があるとも言えるのです。

こんな家庭教師の先生もいるそうです

実際、東京大学大学院に在籍している私立中高出身の大学院生などには、超有名進学塾に在籍するお子さんの家庭教師依頼が数多くあるのだそうです。こうした学生さんたちは自身の研究・勉強もあるため、そう多くは時間を割けないのですが、ポイントを的確に指摘し、解法を教えるよりも学習の進め方をコーチすることが主な任務だといいます。

知り合いの東京大学の理系大学院をおえた方のお話を参考までにご紹介しておきましょう。大学・大学院在学中に毎年のように家庭教師を依頼されたのだそうです。そして、そのいずれの受験生も第一志望の中学校に合格を果たしました。

「家庭教師を依頼され、主に担当したのは、塾の教材のなかで不要だと思われる部分を削除することでした。客観的に見ると難問であり、かつ良問に属するものでも、その子にとっては不要であったり、志望校の傾向からすると、あえて時間をかけてやる必要がないものが多くありました。それより、より基礎的な問題であっても繰り返し学習したほうがいいものを紹介するようにしました。

結果的にそれが効を奏したのか、ぼくが担当したどの子も、第一志望の難関校に合格しました。あえて、塾の方針とは違った勉強を指示した部分もあったように思います。自分の経験からしても、いたずらに難問ばかりに取り組むのではなく、重要な基礎基本は成績良好だからこそ、しっかりと固めておくべきだと思ったからです。

それから、鉛筆の持ち方や勉強するときの姿勢については、どの子にも、口うるさく注意しました。意外かもしれませんが、成績の良い子でも、おかしな鉛筆の持ち方をしていたり、イスにかける姿勢が悪い子が多いのです。塾でそういう点は注意されないのか不思議でした。本来は家庭教師のすることではないのかもしれないのですが、必要だと思ったのでそういう部分も強調しました。

自分自身が小学生のころ、短い期間でしたが、家庭教師の先生がついてくれたことがあり、そうした勉強以前のことをしっかりと指導してくれたことが心に残っていたからです。ぼくの場合は、それこそ勉強以前の課題があり、勉強部屋に遊び道具が散乱している状態でした。はじめのころは、家庭教師の先生が見えるたびごとに、勉強はせずに、先生と一緒に勉強部屋の掃除ばかりしていました。

いま思うと、そういう先生の指導はきわめて正しかったと思えます。部屋がきれいになってからは、勉強を教えるのではなく、ぼくが勉強している横でむずかしそうな法律書をじっと読んでいるだけでした。分からないところになると、先生に聞くという繰り返しでした。その先生は、非常にむずかしいと言われている司法試験を受験し、一回で合格されました。勉強するということがどんなことかを身をもって教えてくれた先生でした。

中高をおえて東大に合格したときに、いちばん喜んでくれたのも弁護士として活躍しているその先生でした」

この学生さんも立派だと思いますし、小学生時代についてくれた家庭教師の先生も「勉強」の本質を良く理解されている方だったと感じます。そうした優れた家庭教師に恵まれた人は幸せだと思います。

「勉強のやり方」を教える大切さ

先に紹介したS君のように、「勉強の糸口」が見つけられなくて苦労しているお子さんは、非常に数多くいます。どうしても周囲の大人は試験の得点という数値で、その子の能力をはかりがちですが、たんなる結果の一端にすぎない得点は、けっして万能なものではありません。

「勉強の糸口」をつかみ、「勉強のやり方」を習得することで、それまでまったく勉強がダメだと思われた子でも、驚くほどの伸びを見せるものです。

それが、大手進学塾で体得できれば良いのですが、なかなか現在の大手塾システムでは、そうしたことは不可能に近いのかもしれません。そのため、そこに気づいた人たちが家庭教師という方策をとることで、大手塾の欠点を補完しているともいえるのではないでしょうか。

いまは、どんなに成績が悪い子であっても、根気強く「勉強のやり方」を教えてあげることで、「リトルジーニアス」では、結果を出すことができました。また、

みんな熱心に集中して

きちんとしたノートのとり方を指導

あまり語られないのですが、大手塾において結果を出している方のなかに家庭教師が的確なコーチをしている事実も考え合わせると、どのような状況であったとしても、一人ひとりの個性を把握して、個別に的確な指導をすることが大事だと思われてなりません。

つまり私たちは、大手進学塾に在籍する子にとっての、塾と家庭教師の役割を同時に担っている結果にもなるわけです。

これは、小さな個人塾だからこそできることだと自負しています。そして、その結果は、大手塾にもけっして負けないものを、確実にだしているとも確信しています。

ストレスなく勉強に向かうには

勉強のやり方がわからないから、勉強ができなくなってしまう。

それは確かです。しかし根本的な問題は、実はそこではありません。

「勉強ができる」とは、勉強をすることが苦にならない、勉強をすることにストレスを感じないことを指すのだと前述しました。

勉強のやり方がわかれば、ストレスは減ります。しかし、往々にして子どもは、自分でやり方を探ることさえできず、どうしても馴れ合いで楽しい方に流され、勉強することを忌避してしまいがちです。

S君と対峙したときもそうでした。「では勉強のやり方を教えてあげよう」、ではないのです。どんなに方法を教えてあげても、それは彼にとって辛く苦しいことに変わりありません。辛く苦しければ、いずれ投げ出してしまいます。大手塾に通うような、恵まれた家庭で育った子どもたちは、幼児期から、欲しいものは、そう苦労せずに手に入れて育ってきたはずです。そこには、必死になるという経験が決定的に欠如しています。いわゆるハングリー精神の欠片もないのです。おそらくは、親御さんも同様でしょう。

塾での個人授業が深夜にまで及び、半べそをかいたS君が、わたくしに、こう言ったことがあります。

「どうしてこんなことしなくちゃいけないんですか」

長年子どもたちを見てきて、根本的な原因はいつもここにあるのだと感じます。

いくら勉強をしなさいと言っても、なるべくストレスなく、やり方を伝授してあげたとしても、勉強をやることにはストレスがつきまとっています。

わからない問題が立ちはだかったとき、どうしてもなげやりになってしまうのです。

先生に聞くべきなのに、どうして内気になってしまうのでしょう？

勉強をすべきなのに、どうして周りに流されてしまうのでしょう？

それは彼らが、どうして、いま、勉強をしなくてはいけないのか？

それが腹の底からは理解できていないからなのです。

「どうして勉強しなければならないのか」

「どうして自分は、いま、勉強しているのか」

そこが理解できていないために、勉強がストレスになってしまうのです。

何故がわからないから、苦しさを我慢できない。どうしてやっているのかが理解できないから、ストレスに感じてしまうのです。

逆にそれが分かりさえすれば、ちょっとやそっとの苦しさで弱音をはくことはありません。自分のやっていることに、意味を感じているからです。

S君にも、何度も何度も話をしました。

「どうして学ばなくてはいけないのか」

「どうして勉強をするのか」

根気よく、繰り返して説きました。

幸いなことに、S君は、それを理解してくれ、長時間の勉強に耐え、見事に難関校への入学を果たしたのでした。

周囲の人には「奇跡の合格」と映ったかもしれませんが、S君と歩んできた、わたくしにとっては、「当然の結果」だとしか思えません。

そして、これはS君にとってだけではなく、だれもが可能なことなのです。

3

何のために学ぶのか？

勉強は苦しいことだけれども

始めから勉強が好きな子どもはいません。

もちろん、一部の天才児の例や勉強好きという子もいることは事実です。素質によっては、呼吸をするように勉強ができる子だっています。しかし、それはきわめて少なく、ごくまれな事例ではないでしょうか。

一般に、多くの子どもは、勉強が好きではありません。

友達と遊んだり、好きな漫画を読んだり、テレビを見たり、あるいはお父さんお母さんに甘える方がずっと楽しいと感じるでしょう。

子どもらしいともいえますし、多くの子どもに共通したことでもあるでしょう。

それはその場ですぐに感じることのできる快楽だからです。

それに対して、勉強とは苦行です。

子どもたちと日夜、勉強に格闘している塾講師として、「勉強は楽しいことなんだよ」というキレイ事は、とても言えません。

わたくしたちの塾、「リトルジーニアス」は、一般的な進学塾に比べ、受講時間が非常に長いことが特徴です。

学校が終わってから塾にやって来て、通常であれば、午後七時、遅くても午後八時か九時には終了するのが一般的な塾だとすると、「リトルジーニアス」は、午後十時までが定時です。

前章に出てきたS君の例でも分かっていただけるように、それ以上に遅くなる場合もあります。

学校で勉強をし、その後塾にやってきて、塾で午後十時まで勉強をするわけです。もしかすると、子どもたちにとっては苦行三昧かもしれません。

こうした長時間の勉強ですので、塾にいる子どもたちの顔に疲労がにじむこともあります。

そして時折こんな声が聞かれることもあります。

「どうしてこんなに勉強しなくちゃいけないの？」

本来非常に苦しい勉強。

子どもがそこから逃げてしまうのは、「勉強」という苦しさをあえて経験しなければいけないことに対しての、納得できる「理由」が見出せないからです。

そのために、学校の勉強にも身が入らず、塾でも意味を理解できないまま、いつの間にか、塾においても気づかぬうちに「おちこぼれ」となってしまいます。前章で述べたように、大手進学塾においては、競争意識を意図的にかき立て、かつ学習難度が子どものレベルとは無関係に高いこともあいまって、この傾向がきわめて顕著になります。

子どもたちに勉強のやり方を身につけてもらうためには、まず、「学ぶ理由」を明確にしてあげなくてはいけません。

お子さんに、「勉強」の意味をどう説明するか

いま、本書を手に取っていただいている方のなかには、まさしく中学受験を控えたお子さんをお持ちの親御さんもいらっしゃることでしょう。

お子さんに、

「どうして勉強しなくちゃいけないの？」

と聞かれたとすると、どうお答えになるでしょうか。

じつは、この問いかけに的確に答えられる親御さんというのは非常に少ないのです。ここで回答するというのは、「お子さんが心の底から納得できるように答える」ということです。

例えば、

「あなたは私立中学に受かりたいでしょ？」

と答えたとします。勉強するのは中学受験のためなのだという内容が答えとなる

ものです。

それで納得してくれるお子さんもいるかもしれません。

しかし、

「どうして、その中学にいかなきゃいけないの?」

「中学に受かっても、また勉強しなくちゃいけないでしょ?」

と言われたら、どうでしょう。

「制服がステキだから」という回答にあきれた

あるお母様は、はじめ某有名私立中学校を受験させたいと「リトルジーニアス」にやってこられました。

「どうしてその中学をめざされたいのですか」

とお伺いすると、

「知り合いの○○さんが、良い学校だと言っていたからです」

正直、あっけにとられる思いでした。大切なわが子の進路を、他人の評価によって決めようというのは、納得できない思いがしました。

そして、さらにしばらくした後のことです。

今度は、志望校を変更したいとのお申し出でした。その理由は、やはり「こちらの学校のほうがいいと、○○さんからお聞きしたからです」と、またまた他人の意見に左右されての発言でした。

けっして悪気はなく、ある意味で素直な方なのかもしれません。しかし、中高六年間というのは、短くない期間ですし、また、子どもの人格形成において、きわめて重要な時期を過ごす場を選択するのが中学受験でもあるわけです。他人の評価に左右されて志望校を決定するというのは、せっかくの中学受験における教育環境の選択という大きなメリットを自ら放棄してしまうことにほかなりません。

「具体的に、どんな中学・高校生活を送らせたいのか」
「どういう将来を展望しての学校選びなのか」
という点をお聞きしたのですが、なにもお答えになることはできず、困惑した表情のままで、お答えはなにもありません。

しばらくして、ようやく出てきたことばが、

「あの学校の制服がステキだからです」

とおっしゃったのです。わたくしからするなら、制服で学校を選ぶなどというのは、お子さんのことを、まるでペットかなにかのように考えているとしか思えません。もちろん、学校選択の要素として制服を考慮することはあっていいでしょう。どのような制服を選択するか、旧来の制服を堅持したままにするか現代風に変えていくのかという部分に私立学校としてのアイデンティティーがにじみ出るということは理解できます。そして、制服いかんで学校の人気が大きく左右されるものであることも知っています。

でも、所詮、制服は教育の本質ではありえないと思います。制服がどんなにステキであったとしても、その学校の教育内容がわが子に適合していなかったとするなら、その学校を選ぶべきではないでしょう。制服や校舎を基準にした学校選びは、けっしてお子さんにとって幸福な選択とはならないのです。

有名中学への合格を目指しながら、勉強は「するものだから」としか、お子さんに説明できないとしたなら、きわめて残念です。

中学受験も「みんながしているから」ということしか伝えられないとするなら、お子さんは納得できないでしょう。本気で勉強に向かうことはできず、勉強も一過性のものになってしまいます。運良く、私立中高一貫校に進学できたとしても、中学校入学以降も期待通りに勉強してくれる保証は、まったくありません。合格したら、そこで勉強はおしまいとなってしまう例も少なくないのです。

どうして勉強しなければいけないのか

「なぜ勉強しなくてはいけないのか」が分からないために、子どもたちは勉強を忌避し、勉強の面白さを体感できずに、勉強嫌いになってしまいます。そして、せっかく進学塾に行ったのに、その授業についていけないような結果になってしまいます。

わたくしどもの「リトルジーニアス」に通っている子どもたちも、最初は、なんのために勉強するのかを理解できていない子どもがほとんどでした。

さて、どうして子どもは勉強をしなくてはいけないのでしょうか?

改めて考えてみましょう。

前述した親御さんのような人もいますが、こういう親御さんもおられます。

「何かしたいこと、それを見つけるために勉強してほしい。

自分がしたいことを見つけたときに、それを手に入れられる環境に近いところに、君を入れてあげるんだよ。

そのための勉強なんだよ」

まさしく、そうなのです。

子どもには、無限の可能性があります。それは、どの子どもにもいえることです。いま、すこしぐらい成績が良くないからといって、その可能性がゼロというわけではないのです。持てる力を発揮できさえすれば、どの子も輝く資質を有しているのです。

親御さんとしても、将来苦労をさせないために、ちゃんとした職に就けるように、自分の跡をしっかりと継げるように。

そういう現実的で具体的なイメージを抱いて、お子さんに勉強をさせ、私立中学校に入れたいと願うこともあるかもしれません。しかしそれは親御さんの希望です。

お子さんの将来は、けっして親御さんのものではなく、お子さん自身の人生です。お子さんが、本当にやりたいこと、心の底から望む進路を見いだしとき、それを現実に手にすることができる準備をするために勉強しなければならないのです。

小学生のときから将来やりたいことを明確にもっている子どもというのは、天才児より少数かも知れません。多くは漠然としたあこがれや、親が言い聞かせたことの反映で、自分の将来を口にしているだけのことが多いのではないでしょうか。

現実的に将来を見すえることができるようになるのは、早くても中学生、遅い場合には、学校生活を終えて社会に出て働き始めてから、ようやく本当に自分がしたいことに気づくということもあるでしょう。

昨今の教育現場では、キャリア・ガイダンスという視点が重視され、多くの学校現場で将来の職業に結びつくような経験をさせたり、社会人講師の話を聞く機会を設けたりしています。とくに私立中高一貫校では、卒業生などの協力も得て、そうしたキャリア教育に力を入れていますが、中高生の段階では、なかなか具体的な職業観をしっかりと持つのはむずかしいのかもしれません。

そして、本当に自分がやってみたいことを見つけるのは、中高生段階では、まだ見えない場合も多いのではないかと思います。

後述いたしますが、わたくし自身も、この「リトルジーニアス」に関わり出したのは、ほんの十年前なのです。学校を出て二十年以上も企業で働いた後のことでした。

勉強するということは、知識を広げ、自身の世界が広がることです。自身の接する世界が広がるからこそ、やりたいことになるかもしれないことを知ることができるようになるのです。視野が狭く、生きる世界が限定されたなかでは、本当にやりたいことを見つけ出せないことでしょう。その意味では「知識は力」でもあるわけです。

そして、やりたいことを実現するためには、どんな分野であったとしても、必ず努力が必要です。努力なしに成し遂げられることはありません。
弁護士になりたい、
医者になりたい、
研究者になりたい、
この企業に入りたい、
俳優やスポーツ選手でもいいでしょう。
希望するなりたいものになるためには、必ず努力することになります。その努力は辛く、厳しいものとなるでしょう。
いま、勉強をしておくということは、そうなった時に、どうすればいいのかを考え、努力できるようにするためなのです。
子どもたち自身の可能性を少しでも広げるために、いま、学ぶのです。
しかし、親御さんがそれを理屈で理解していても、お子さんが納得し、勉強するという行動に移せるように伝えるのは、現実問題として、なかなか難しいものがあることも事実です。

厳しいことを言ってしまえば、本来それを子どもに教えてあげるのは親の役目だと考えます。家庭教育において、もっとも重要かつ不可欠なことです。

しかし、自分に可能性があるということを、言葉だけで実感できる子どもは、やはり、そう多くはありません。そこは、まだまだ子どもであり、精神的な未熟さから、勉強という抽象的な内容を含む意味をきちんと捉えることができないからです。だから、苦行である勉強より、目先の楽しさにつられてしまいがちなのです。

ご自身があまり勉強をなさらずにやってきた親御さんももちろんおられます。そうすると、「勉強」ということの実感がわかず、たとえお子さんに説いたとしても、その内容は、より伝わらないものになってしまいます。

勉強することの意味が、言葉だけでは伝わらない子には、勉強するという行為そのものに、なんとしてでも付いてやって、「勉強する」行動で示す必要もあります。

しかし、何かと多忙な現代生活のなか、親御さんに、なかなかその時間がとれないという事情があることも、よく分かります。

「リトルジーニアス」での実践

わたくしたちの「リトルジーニアス」は、進学塾です。受験をお考えの方が、希望する学校に合格できる学力をつけることが使命です。

その希望をかなえるためには、お子さんが自ら勉強しないことには話になりません。

塾に通わせさえすれば、勉強すると考えるのは早計です。素晴らしいカリスマ先生の授業を受ければ勉強する気になるとお考えであるなら、それは誤りです。

中学受験に限らず、勉強や学問の世界において「カリスマ」的な存在など、あり得ないと考えます。わたくしたち自身も、自らを「中学受験のカリスマ講師」だとは、少しも思っていません。

それは、合格を勝ち得るのは、教えてくれたカリスマ先生の代役が受験するのではなく、あくまで受験生本人の力で入試も突破しなくては意味がないからです。超人的な教授能力によって、まるで魔術のように成績を伸ばす「カリスマ先生」が世に存在すると思われている方もおられるようですが、それはあり得ないことだと思います。百歩譲って、そんな先生が存在したとして、その先生のお力で中学受験を突破したとしても、そのお子さんは幸せでしょうか。中高進学後に、伸びることが可能でしょうか。

わたくしたち「リトルジーニアス」の講師スタッフは、プロの塾講師ばかりですが、けっして自らが「カリスマ先生」であるとは考えていません。プロですので、成績を伸ばす指導においては誰にも負けぬ努力を傾注します。しかし、自分の力だけで魔法のように子どもたちを合格させるのだというような傲慢な考えは、少しも持っていません。

幸いにも、わたくしたちの塾をよくご存じの方々から、「奇跡の塾」とお褒めいただくことがしばしばありますが、それは「リトルジーニアス」の塾生たちの努力している実態を詳しくご存じないからだと思います。

「合格は奇跡ではなく必然である」と、わたくしたちは信じています。

一人ひとりのお子さんが、「勉強」ということの真の意味を、各人が心の底から納得できたとき、想像もつかない力を発揮するのです。その前後だけをご覧になる

徹底した個人指導を実践

と、あたかも「奇跡」が起きたかにも見えるのかもしれませんが、それは当然の結果に過ぎず、わたくしたちにとっては、「必然」の結果でもあります。

「リトルジーニアス」では、まず次のことに気づくように徹底的に指導します。手を変え、品を変え、さまざまな機会を通じて何度も何度も、その子が理解できるまで繰り返します。それだけの意味のあることだと思っているからです。

「自分のやりたいことや、なりたい職業を見つけたとき、それを実現できるのは積み重ねた学力であること」
「勉強すれば幸せになれること、つまり、幸せに生きていくためには、その前の努力が必要なこと」

この二点に気づき、それを子どもたちが自分の頭で、自分のことばで納得できたとき、勉強の土台ができたといえます。

もちろん、「リトルジーニアス」は進学塾であり、勉強を教え、受験に必要な知識を伝授することは、塾本来の仕事であり、それは徹底しておこないます。その知識の伝授がきちんと効果を発揮するか否かが、勉強することの意味をどこまで子どもたちが理解できるかにかかっているのです。

この、「なぜ、勉強するのか」を身をもって体得してもらうために、あらゆる努力をしています。必要があれば、たった一人とでも、深夜まで勉強に付き合い、ともに学ぶ実践をします。手間ひまを惜しんでいては、「勉強」の意味を伝えることはできないからです。どんなに大変であっても、じっくり時間をかけて、子どもたちと向き合うのが「リトルジーニアス」の真髄なのです。

それは、地味な行為であり、けっしてカッコいいものではありません。場合によれば、「教える力がないから長い時間がかかってしまうのだ」と非難されることもあります。でも、わたくしたちは、そうした批判など気にもしていません。

それは、わたくしたちの働きかけにより、一人ひとりの子どもたちが、「なぜ、勉強するのか」を理解しきったとき、日々の厳しい学習を少しも苦にしなくなり、本当の意味で「勉強のできる子」に変貌していくからです。

「リトルジーニアス」の使命は、この本当の意味での「勉強のできる子」を育てあげることにあると信じています。そして、その実践を日夜続けてもいるのです。

「なぜ、勉強するのか」の「なぜ」を、本当に理解したとき、子どもは動きます。

この瞬間、子どもたちと勉強することを仕事としている者の最大の喜びを実感します。それは、子どもたちが受験を終えて、「合格しました」と報告があるとき以上の喜びです。この「なぜ」が理解できたということは、苦しい思いをしてでも勉強できることにつながり、その子は、勉強が苦しいものではなく、学ぶ喜びを実感できる存在への変化していることを示すことだからです。その結果として、「合格」は当然に手にできるものになります。

「リトルジーニアス」の「奇跡」は、起きるものではなく、子どもたちが当然に創出するものなのだと言えるでしょう。

「奇跡」を必然的に起こす子どもたちが育っているのが、「リトルジーニアス」なのだと思っています。

4

子どもの数だけ未来がある

不登校といわれる子どもがいます

ある子どもがいます。

彼はすこし精神的に繊細な、性格的にやや弱いと言われてしまうような子どもです。

彼自身、学校に行く気はあるのに、どうしても学校に行くことができません。理由は様々でしょうが、ストレスに対する耐性が弱く、朝、起き上がることそのものに非常に時間がかかります。

学校に行くことができなくても、わたくしたちの「リトルジーニアス」の塾なら通えると、お母様に連れられやってきました。

お母様は、見るからに疲れ果てているご様子でした。

自分の子どもがどうしてそんなことになっているのか、その理由もわからない。

学校に行けないというだけのことで、周囲から有形・無形の圧力を受けている。子どもが学校に通えない弱い人間であるのは自分のせいだ。親の育て方が悪いので、子どもが不登校になってしまった。

そんな様子が見てとれ、お母様ご自身が自分を責め、悩み抜いておられる状態であることが一目でわかりました。

こうした「不登校」の問題は非常に根深い問題であり、すでに学校現場だけで処理・解決できるものではなく、一種の社会病理現象として理解しなければならない問題とされるようになってきました。つまり、不登校は特別な児童・生徒に起きるものではなく、どの子に同じ状況が生じたとしても不思議ではないと、とらえられるようになってきました。

この現れが、学校に行かないことを、以前は「登校拒否」という呼称を用いていたのに、そこに一切の評価を交えず現象のみをとらえた「不登校」という言葉で統一されるようになったという経緯があります。

「不登校」の定義をどうとらえるかにも様々な考え方があります。文部科学省の調査によれば、数量把握として、小学生の場合約三〇〇名に一人の児童が学校に通えていないこと、中学生の場合には三八名に一人の不登校生徒が存在するとの統計が最近発表されています。小学生の場合には、まだまだ親のコントロールがしやすい面があり、だましだましでも学校に行かせることができるのでしょうが、中学生ともなると、そうもいかないという状況が明確に見てとれる数値といえるでしょう。

しかし、こうした統計には、かならず見えない統計暗数というものが存在します。調査の仕方や、定義の違いによって実態を正しく反映しない部分も現れてきてしまうのが統計調査の常です。調査主体の本音として、不登校児童・生徒数はなるべく少なくあってほしいという気持ちが、どこかに作用したとしても不思議はないでしょう。

実際の感触としては、小学生の三百人に一人という率は、かなり実態より少なめではないかという気もしないではありません。中学生になるや否や急増していることから見て、小学生においても、かなりの数の不登校予備軍が存在することが容易に推測できます。

問題は、統計的な数値いかんではなく、実際に学校に行くことができない児童・生徒のケアをどうするかです。そうした子どもたちも教育を受ける権利は厳として有しているわけであり、学校に行けずに教育を受けられない子どもが存在することを放置しておくことはできないはずです。

不登校となったお子さんをかかえてしまったご家庭の心労は、想像を絶するものがあります。とくに、お母様は大変なご様子です。冒頭にご紹介したお母様のように、家族内や周囲から有形・無形のプレッシャーを受け続けているのが実情です。

不登校の問題は社会全体が突きつけられている深刻な課題でもあり、さまざまな機関や人々が、その対応に真剣に尽力されておられます。

とはいえ、当のご家庭においては、それは深い悩みであろうことは、もし、わが子が今朝から「学校に行きたくない」と言い出したと想像してみれば、だれもが困惑するに違いありません。

さまざまなお子さんがやって来る

わたくしたちの「リトルジーニアス」には、不登校を含め、さまざまな悩みをかかえた親子が数多くお見えになります。

学習障害をもつお子さんを抱えたご家庭もそうです。

親御さん、ことにお母様は、「自分の子どもが、なぜ……」と、お子さんの実態を正面から受けとめることができず、悩んでおられることが多くあります。勉強が不得手のようだからと大手塾にお子さんを通わせてみたのだけれども、ついていけなかった、子どもが悪いのだとお子さんを責めてしまう例もあります。そして、それ以上に、自分を責めてしまうのです。

こうした課題を背負った場合、お子さんへの愛情や期待が、逆に重圧となり、お子さんのみならず、お母様も苦しめられることになります。

学校へ行くことができない、テストの点数が悪い、塾でおちこぼれてしまった。

そういった出来事が余計にプレッシャーになっていきます。

目に見える結果が出せないことにいらだち、子どももお母様も疲弊しきっている様子が外から見てはっきりと分かります。気の毒です。お目にかかっているだけで、胸が締め付けられるような気がします。

出口の見えない暗い闇のなかで、もがいている様子がよく分かります。


テストで百点を取る、希望の中学に入学する、そういったことは、すべて表面的な「結果」の一面にすぎず、結果ばかり見ていると子どもは潰れてしまいます。

しかしながら、「結果」が全てである、という考え方自体は間違っているとは思いません。大事なのは、なぜその結果だったのかを考えることではないでしょうか。

それは子どもがダメだからでしょうか？

お母様の育て方に誤りがあったからでしょうか？

お子さんにいらだつ前に必要なこと

さまざまな理由や困難な状況があるとはいえ、不必要な重圧を感じる多くの親御さんは、大手塾の成績優秀な子どもたちが一〇分で解ける問題に、わが子が一時間もかかったとすると、自分の子どもにいらだちます。ましてや、その答えが間違っていたとするなら余計です。

「どうして間違えるの」

「どうしてそんなに時間をかけるの」

お母様がお子さんに求めるのは、たまたま一〇分で、その問題が解けるという結果です。期待される、その結果を出せないということだけで、わが子は「ダメな子だ」と思ってしまうのです。そして、それが、言いようのないいらだちにつながってしまうのです。

しかし、ここで、ちょっと見方を変えてみましょう。

たしかに時間は一時間かかった、でも、問題が解けたというならどうでしょう。

たどった道は違い、所要時間はかかったけれども、正解にたどり着いたという結果は同じです。そういう考え方はできないでしょうか。この事実は評価できるものではないでしょうか。

でも、ひとつの問題に一時間もかけていたら、競争試験である入試などでは期待される「合格」という結果を得ることはできません。

では、テストでうまく結果が出せるように、次は三〇分で解けるようにしましょう。三〇分で解けるようになったら、次は二〇分で、それを繰り返すなら、最終的には一〇分で解くことも、けっして無理ではなくなるはずです。

大手塾でこぼれおちてしまうお子さんは、塾で設定している進度のペースについていけないのだとお話をしました。

しかし、そのことが、即勉強ができない、学習そのものの素質がないということにはなりません。

多くの子ども、わたくしたちの塾にやってくるようなお子さんは、みな、その子に合わせてきちんと見てあげれば、望みどおりの結果を出すことができます。

大事なことは、子ども一人ひとりの個性を見いだし、各人の現在のペースがあることを周囲の大人が理解することです。とくに、勉強という側面においては、教える大人や周囲の大人が、そのことをしっかりと認識して、お子さんに対峙できるかどうかです。

百メートルを九秒台で走り終えるオリンピック選手もいます。一般人であるならその倍の二〇秒以上かかるかもしれません。二〇秒かかっても、誰もその人を責めることをしないでしょう。にもかかわらず、問題を解く場合には、その速度を無用に要求することは不合理ではないでしょうか。

なにごとも、ペースは人それぞれです。いま、目先の結果を性急に求めて、周囲の大人が焦ってしまうので、子どもを潰してしまうのです。

人のタイプとして、褒めて伸びるタイプ、叱って伸びるタイプがあると、よく言われます。子どもにもそれは多くの様々なタイプがあります。一人ひとり顔つきが異なるように、それぞれ異なった個性を有しています。問題を解くのに時間がかかるのも、その子の個性だという肯定的な見方をしてあげることはできないでしょうか。それは、けっして甘やかすこととは違います。また、どんなに時間をかけても、その人の個性だからいいのだというわけでもありません。いまの時点において、時間がかかることは、やむを得ない、これから、どうしていくかを考えればいいだけのことです。そして、方法さえ誤らなければ、時間の短縮もじゅうぶんに可能なのです。

ですから、お子様が大手塾のやり方について行けないからといって、その子の未来が絶たれてしまうなどということはあり得ないのです。

生徒数の多い大手進学塾では、はじめから際だって優れた素質のある子どももいます。また、そういう子どもを意図的に糾合して、集団を構成して結果を出そうという戦略を立ててもいます。また、子どもなりに物事の理解能力にたけていて要領のいい子どもも現実にいます。そうした子どもたちをスタンダードなものととらえてシステムが構築されている大手塾においては、どうしてもついていくことができず、塾からあぶれてしまう子が数多く出て、当然なのだとも思います。

けっして、大手塾についていくことができなかったからといって、そのお子さんの能力が著しく劣っていたり、また資質として見るべきものがないわけではないのです。学ぶ場として、そのお子さんにとって不適合な場所であったというだけのことなのです。

中学受験準備をするなら、名の知れた大手進学塾に通わなければならないというのは、まったく根拠のないたんなる都市伝説の類のものなのです。

わたくしたちは、それをじゅうぶん過ぎるほど、経験し、数多くのお子さんの成長を通じてわかっています。ですから、つねに少人数の指導を貫き、一人ひとりの顔を見て、それぞれの個性に応じた指導をおこなうことを徹底して実践しています。

そうした指導は、大手塾には絶対にできないことなのです。

合格するだけが目的であってはならない

極端な話をすれば、中学受験の目的は合格することではないと考えています。

人気のある有名私立中学校に入学することが、その子の未来、幸せを保証するとは限りません。けっしてキレイ事で言っているわけではありません。現実の事実と

分からないところは、先生に聞く

して申し上げているのです。

何のために勉強をするのか、それを思い出してください。

「自分のやりたいことや、なりたい職業を見つけたとき、それを実現できるのは積み重ねた学力であること」

「勉強すれば幸せになれること、つまり、幸せに生きていくためには、その前の努力が必要なこと」

わたくしたちは、まずこのことを子どもたちに教えていきます。そして、教える側もこのことを常に肝に銘じて、子どもたちに接するように心がけています。

人生の幸せは、子どもたち一人ひとり異なったものです。中学入試の合否で、人生が決定するわけではありません。そのことを中学受験に臨む親御さんは、しっかりと認識していただきたいと思うのです。

都内に超難関といわれる私立中学高校があります。東京大学に非常に数多くの合格者を輩出する学校として知られています。この中学校の入試は、それは狭き門であり、難関中の難関といわれています。

多くの私立中高が、完全中高一貫教育を志向し、中学入試で当該学年の定員すべてを入学させてしまい、高校入学段階では募集をしないかたちが一般化しているのですが、その学校は、従来から一貫して高校受験にも門戸をひらき、二クラス百名もの高校募集をずっと継続しておこなっています。

全生徒が中高六年間在籍という形態のほうが、効率もいいだろうし、学校経営的に見ても、六年間の授業料が保証されるので学校としても好ましいのではないかと思われています。また、有力な中学受験関係者から、学校に対して、「一流校なので高校募集などすべきではない。多くの中学入学希望者がいるのだから、高校入試はやめて、中学入試の定員を百名増やすべきだ」との直言がなされたこともありました。

そのとき、学校側は、冷静にこう答えました。

「本校を多くの方が志望してくださるのはありがたいことです。しかしながら、常に思っていることですが、本校の中学入試が常に適切な問題を出題し、あらゆる面

から考えて、理想的で受験生にとって無理のない完璧な入学試験を実施していると
はいえない面があると反省もしています。
一点差で涙をのむ受験生もいます。もし、わたくしたちの出題に不適切な部分が
あり、残念な結果になったとするなら、強く本校での勉学を望む受験生には、高校
段階であっても再チャレンジする機会を設けておくことは、学校として当然の務め
であろうと考えています」
と述べました。

さすがに、名門校中の名門校といわれるだけのことがあります。実施している入
学試験がどこから見ても欠陥のないものとは考えていないのです。中学入試そのも
のが構造的に不備があるかもしれないという自省の念をもって実施しているという
事実は、非常に大きな内容を示唆しています。
入試問題によって、もしかすると入学させるべき受験生を落としてしまっている
かもしれないので、高校段階でも再度、挑戦する機会を設けているという、懐の深
さに、私立学校が本来あるべき姿を感じるのは、わたくしだけでしょうか。

常に講師が寄りそって

この事例が示すように、「合格」することがすべてではなく、合格というのは、たしかに一つの結果ではあるのですが、それで人生の幸福が保証されるものなのではありません。

幸せの感じ方が人それぞれ違うように、多様な価値観をもって子どもの成長を見守っていくべきなのではないでしょうか。

わたくしたちは、子どもたちの選ぶ幸せの選択肢を増やしてあげるために、勉強をさせ、受験をさせ、いい環境で教育を受けさせたいと思うのではないでしょうか。

最終的な幸せを求めていくべきである

お子さんの厳しい状況に直面し、ご自身をぎりぎりまで追いつめていたお母様に対し、自分も子どもを育てた母親の一人として、わたくしの妻は言いました。

「いま、お子様は、とても悪い状況だと思っても、努力しだいでいくらでも変えられます。たとえ、いまが良くないからといって、お子様が幸せになれないなんてことは絶対にありません。わたくしは、そう信じています」

まさにそうです。

極端な話をすれば、望んだ中学に入れることがその子の幸せとは限りません。たとえそれが、超難関校であり、だれもがうらやむような中学校であったとしてもです。

同時に、いま、学校に行けないことで、その子の将来が全てだめになってしまうということもあり得ません。一つの問題を一〇分で解けようが、一時間以上もかかろうが、問題が解けたという事実は変わらないのです。

人生は長いものです。目的は最終的な幸せであり、周囲の大人たちの使命は、そこにたどり着くまでの辛く長いトンネルを辛抱する力を貸してあげることにあると思うのです。

しっかりと目的を定めましょう。その目的にたどり着くために、何をすべきなのか、お子さんとともに考えるのです。もし、いま、できないことがわかっているのなら、それができるように努力をすればいいのです。

そのペース、やり方は、子どもによって様々です。わたくしたちには、それを一人ひとりに合わせて教えることを実践してきた自信があります。そして、そのことは正しいのだという強い信念があります。

場合によっては、その子の性質ややりたいことから、志望校を変更させることもあります。誰もが羨む有名私立に入学したところで、その子がより良くなる保証はないのです。人によっては、よりのびのびとした環境で勉強をした方が、より良い未来をつかみ取れることもあります。


「リトルジーニアス」にやってくるお子さん方は、さまざまな課題をかかえているのですが、それだけに一人ひとりが個性豊かな存在でもあります。たしかに、いまかかえている課題のために、何かをしたいと思ったとき、人よりも少し、努力が必要なのかも知れません。でも、その努力をできるということが、逆に考えるならば、それは他者にはない大きな長所にも転じることができるものです。

わたくしたちは、「リトルジーニアス」の門をたたいたみなさんに、生きていける力を付けてあげたいと強く願っています。十二歳の春に合格を手にするだけではなく、もっと先を見すえて、その子がひとりで生きて行けるようになってほしいのです。

子どもたち一人ひとりに、個性があり、輝かしい未来があります。

それを、はじめから大手塾の画一的な指導の下で、抑圧してしまうことはありません。

その子に合った、その子の望む幸福な未来をつかむために、何をやっていくべきなのか。

わたくしたちは、一人ひとりのペースに合わせて、それを考え、実践しているのです。

手間がかかり、時間も要します。大手塾や学校の集団教育では、なかなかしにくいことなのですが、「リトルジーニアス」ではできることです。

一人ひとりの未来のために、わたくしたちは全力で指導にあたっています。

5

リトルジーニアスの歩み

妻が開設した進学塾だった

ここで、遅ればせながら、わたくしたちの「リトルジーニアス」の歩んできた道を、振り返ってみたいと思います。それは、わたくしたち夫婦の歩みと軌を一にする部分もあります。

「リトルジーニアス」は、一人ひとりの子どもそれぞれのペースと実力を見極め、各人に合わせた指導を粘り強く行っています。

そして何より重要な「何のために学ぶのか」を子どもたちに伝えています。

この塾の基本方針は、自宅に塾を立ち上げたとき以来、一貫して堅持してきているものであり変わっていません。そして、講師として教鞭をとっていただいている先生方とも共有している塾の変わることのない基本精神でもあります。

もともと塾の経営は、妻が行っていました。

その妻は、某大手塾で三十年近く教鞭をとってきた塾講師でした。その塾においいて、それなりの実績をあげ、中学受験指導においては、ほとんどすべてのノウハウを蓄積してきた経緯がありました。多くの受験生の指導にあたり、合格に導くことの醍醐味も味わい、また塾教育ならではの長所も実感してきたようです。

しかし、その大手塾では、営業政策として自社開発のテキスト販売を重視し、意図してなのかどうかは分からないものの、結果として私立中学校の偏差値を決定する過程において、ある種の操作や人為的な要素が組み込まれざるを得ない大手塾の運営方針には納得しがたいものを感じていたようでした。

指導している子どもたちは可愛いと思えるものの、営業政策を優先せざるをえない企業塾のあり方に大きな疑問を抱いてもいました。

そして、その疑問が拡大し、とうとう企業塾のやり方に嫌気がさし、大手塾を退職するに至りました。彼女なりに言うに言えない葛藤があったのではないかと思います。

長年指導してきた経験を元に、横浜の自宅で小さな小さな個人塾を立ち上げました。もう二十年近く前のことになります。

宣伝しなくても安定した運営だった

個人塾ですので、収容できる塾生の数も限られています。それだけに、入塾したお子さんの指導は徹底して行うことができ、大手塾での経験は、一人ひとりの子どもに、どうやって光を当てていくかという観点で大いにプラスに作用しました。大手塾ができないこと、不得手なことを熟知していたからでもありました。

とくに意識したわけでもないのですが、個人塾ならではの良さが発揮され、お見えになったお子さんが、着実に合格していくという実績が積み重ねられ、地域では、しっかりした進学塾として認知していただけるようになるのに、そう時間はかからなかったと思います。

その過程では、こんなこともありました。

横浜にお住まいの、いわゆる高所得者層に属すると思われる親御さんから、

「どんなに費用がかかってもいい。うちの子を成績いちばんにしてくれないか」と

やってこられるようなこともありました。

特別な宣伝もうたず、こじんまりとした塾ではありましたが、「教えてくれる先生がいい」と口コミで評判がひろがり、小さいながらも安定した運営を行ってきました。

突然の交通事故に襲われて

妻は自宅で塾を開業したのですが、わたくし自身は、その当時、一般企業に技術者として勤務していました。部下の指導を行う立場、いわゆる管理職のサラリーマンです。

自宅では妻が、二〇人ほどの子どもたちを、たった一人だけで指導していました。時には、指導が深夜におよぶこともあったと記憶しています。

その頃から、すでに長時間指導という方式で子どもたちと勉強する伝統がはじまっていたのかもしれません。

サラリーマンだった、わたくしが妻の運営する塾に関わることになったのは、ある突然の出来事があったからです。

一人で塾をきりもりしていた、妻の事故です。


それは、いまから十年以上前のことになります。

いつものように会社で仕事をしていますと、いきなり電話が入りました。わたくし宛に病院からの緊急の電話だといいます。

病院からの緊急の連絡、そのとき、瞬間、何か背筋が冷えるような、そんな感覚に陥ったのを、今も鮮明に覚えています。電話口に出るや否や、警察を名乗る男性から、妻が交通事故に遭い緊急手術中であることを告げられました。


その瞬間、わたくしは息を止めていたようでした。

ようやく、「命に別状はない」という言葉を耳にして、いつもより深く息を吐いたからです。

すぐに、残っていた仕事の引継ぎを行い、取るものもとりあえず、急いで病院に向かいました。手術はまだ続いており、警察の方から事情を聞きました。

車の衝突事故だったそうです。

妻はタクシーに乗っていました。邦楽をやっている彼女は、その日もきちんと着物を着付けていました。

そこに突然、後方から車が衝突してきたのです。衝撃で、きつく帯で締められていた妻の背骨がずれてしまったのでした。

手術が終わり、執刀した医師は、

「しばらくは介護が必要かも知れません。直っても歩くことはできなくなるでしょう」

と、告げたのでした。

わたくしは、すっと背筋の伸びた妻の姿を思い返し、悲しくなりました。

しかし、幸いなことに命は助かりました。生命はとりとめることができたのです。

何もできなくなるわけではありません。

「怪我をしたとはいえ、できなくなることなど、ひとつもないはずだ。わたくしが、妻を補助すればいいのだ」

と、その瞬間に考えました。

すぐに、わたくしは会社に事情をつげ、職を辞し、妻の介護のために家に入りました。退院後、はじめこそ介護の必要な状態ではありましたが、私の妻は、強い信念とこころを持った女性です。

辛いことがなかったとは言いません。しかし彼女は、持ち前の精神力を支えに、困難を打破し、苦しいであろうリハビリをやり遂げ、通常に歩けるまでに回復しました。今の彼女を見て、あの事故の後遺症に苦しんでいたことを想像できる人はいないでしょう。

塾の運営に関わるようになる

会社を辞め、職を辞したことを機に、私は塾の運営に関わるようになりました。

幸いなことに自宅に開設していた塾であり、在宅でできる仕事ですから、妻の介護をしながらでも塾での指導は可能です。また妻自身も回復するにつれ、自身も塾の仕事に戻ることを望んでいました。

妻は大手塾講師の経験がありますが、私自身も過去において塾講師として働いていたことがあり、まったくの未経験というわけではありませんでした。

また、今までの職場でも指導的な立場で働いてきた経験があります。もともと、人を導き教えることに、やりがいを見出していました。自分が関わった人が順調に成長していくことが嬉しく思えたものでした。

こうして、わたくしと妻の二人三脚での塾運営が始まりました。

塾の拡大路線を模索したのだが

二人三脚での塾運営は、当初はきわめて順調でした。

塾に来ている子どもたちは、だれともなく、わたくしのことを「おとこ先生」、妻のことを「おんな先生」と呼ぶようになりました。先生は二人だけですので、その呼称が小さな教場では最適であったのかもしれません。ちなみに、この呼び方は、その後も続き、いまでも、ふたりは、「おとこ先生」と「おんな先生」と呼ばれています。

妻が一人だけで教えていた塾だったのですが、わたくしという新たな講師が増え、指導陣は単純に倍の人数となりました。マンパワーが倍増した効果は大きく、以前にも増して指導も手厚く行うことが可能となり、もともと地域での評判は良かったのですが、さらに口コミでの評価が上昇していきました。

やがて、妻も交通事故の後遺症からようやく回復し、夫であるわたくしという仕事のパートナーを得て、本格的に塾経営をしていくことになりました。

管理職であった会社を退職して、塾運営に関わるようになったこともあり、塾をやるからには、できる限りやってみたいと考えました。生徒数を増やし、塾の規模を大きくしていく方策の一つとして、もっとも有効なことが数多くの教場を設置することです。

おとこ先生・おんな先生

自宅以外に教室を構えることにしました。保土ヶ谷、別所、センター南、たまプラーザと、拠点駅をねらって、教室展開をおこない、徐々に塾の運営を拡大していきました。それに伴って必要な講師も増やし、塾の運営もきわめて順調であるかに思えました。

しかし、それまでは、いわば個人商店として、一店舗のみの経営者が隅々まで目が届く範囲でやっていたことを、急に拡大したとき、そこに問題が生じました。もともと個人塾として、きめ細かな指導、徹底した個性重視の塾であるはずが、わたくしや妻が、その場にいないことが多くなることから、雇用している講師たちが、明らかに手を抜いていたり、塾の方針を無視して自分勝手な指導をする教場が多くなってしまったのです。

そうなると、当然のことながら、保護者からの苦情も増えます。経営者として、本来、提供すべき教育サービスを提供できない状況となってしまい、忸怩たる思いでいっぱいでした。塾の評判が良く、事業を拡大したことにより、かえって、もともとの塾のあり方が希薄となり、わたくしたち夫婦がめざす理想の塾のあり方とは大きく乖離した塾になってしまったのです。

そして、教場が多いために、通ってきてくれている子どもたちの顔をすべて見ることは、不可能になってしまっていました。多くの教室があるため、採用した若い講師たちは、わたくしたちの管理の目が行き届かないところでは、好き勝手にやっていて、指導力がないため、子どもたちに威圧的に接し、抑圧することで勉強を押しつけようとする傾向も顕著になってしまったのです。

これでは、妻が嫌悪して身を引いたはずの大手塾の状況となんら変わることはありません。なんのために拡大したのか分からないという事態にまでなってしまったのです。

夫婦で話し合い、これまでの拡大路線を転換し、理想と掲げた塾のあり方を実現できる規模に思い切って戻すことにしました。

事業拡大にともなって多くの若い講師を採用したのですが、あまり良い結果をもたらさなかったことを反省し、しっかりしたキャリアのある講師だけに限定することとし、わたくしたち夫婦以外は、三名の講師のみにとどめることとしました。わたくしたちの塾に対する理念を理解し、それを実践することができる人だけを講師としてお願いすることにしたのです。苦い経験から、講師の年齢にも留意し、若すぎる先生は避け、じっくりと面接を実施して、本当に信用できる人だけを講師として採用することにしました。

塾の品質は講師の質が決定する

個人塾であっても、塾の品質は、講師にどのような人材が配置されているかが、重要です。このことは、不思議なことに保護者はあまり関心がないようにも思われます。というのも、大手塾において、文系出身の先生が理系科目を担当することが、ごく一般的に当然のように行われていることを目にしたからでもあります。

小学生相手だから構わないという考えなのかもしれませんが、わたくしたちの理解は異なります。中学受験の世界は、一般に思われている以上に専門的な知識や経験に裏打ちされている指導者が担当しないと、子どもたちが知的に成長できるような指導は実践できない面があります。

つまり、入試問題で正解を答えられるということと、そうした入試問題がなぜ出題され、出題者はどのような意図で作問したのかという事情を把握し、必要なことを子どもたちに分かる言葉で説明できることとは大きく違うのです。ことに、中学受験の算数や理科は、表面上に見える内容よりずっと深い観点から問題が構成されていたり、一見、単純で易しく見える問題であっても、非常に大切な内容を包含した問題であることが少なくありません。

私立中学校にとって、「入試問題は学校の顔である」とまで言われます。高い教養があり、お子さんのことを真剣にお考えの保護者のなかには、「こうした素晴らしい入試問題を出す学校だから、わが子を入学させたい」とおっしゃる方もおられるほどです。

そうした理由から、塾としての品質を確保するため、きちんとした学識を有し、子どもたちに、しっかりと考える道筋を自身の言葉で伝えることができる高い能力を有した人だけを講師として採用するようにしました。この方針は、そのときから現在に至るまで一貫して変わっていない点でもあります。

ですから、「リトルジーニアス」の講師は、全員が専門に特化した知識と技量を有した先生のみで構成されています。講師陣は、いずれも各人の専門分野を持ち、子どもたちに学ぶ楽しさを伝達できる高いスキルを有していると自負しております。「リトルジーニアス」では、入塾前に体験授業を実施しています。実際に授業を受けていただければ、こうした講師の力量はお分かりいただけると思います。

塾を通じて人生を伝えていきたい

人生には様々なことが起こります。

ごくごく普通のサラリーマンであったはずの、わたくしでした。とくに問題があったわけでもなく、普通に定年まで勤め上げるであろうと、自分でも思っていたのでした。

ところが、妻の交通事故をきっかけに、思いがけず、塾の経営に本格的に関わることになりました。いま、振り返って考えてみると、これも不思議というか、もしかすれば、他の人に同じことが起きたと仮定してみると、違った選択肢を選んだであろうかもしれません。

おそらくは、会社を辞めなくても済む方策をとるであろう方が多いのかもしれません。でも、わたくしが選んだ道は、そうではなく会社を辞して、家庭に入ることでした。それが正しい方途であったのか否かは、まだ誰にも決められないことでしょう。そして、誰が決めることでもなく、本人が自分の人生をどう考えるかであろうと思っています。

妻の事故を不幸な出来事として捉えるのは簡単です。しかしそれがなければ、私自身が、子どもたちに教える喜びを生きがいとすることはできなかったかも知れません。

塾の拡大路線においても、若い講師の暴走も、ある程度は目をつぶり、企業としての塾を発展させて塾に欠かせないスケールメリットを顕現することで、塾の勢いをつけて大きく企業化していくことも可能だったのかもしれません。

また、多くの同業のみなさんは、多かれ少なかれそうした方法を選んでこられたようにもお見受けしています。

もしかすると、わたくしたち夫婦が歩んでいる塾人生は、あまり効率的ではなく、苦労多くして報われるところの少ないものなのかもしれません。でも、わたくしたちは、掲げた理念を曲げて利益を追求する塾運営はしたくありませんでした。もし、そうしたとするなら、塾に携わっていることに誇りをもって子どもたちに接することはできなかったでしょう。そして、きっと強い後悔の念にとらわれたに違いありません。

わたくしは、塾を通じて、人生において重要なのは、なにか困難が起きたり、失敗をしてしまったとき、その時点で信念を貫き、ぶれずに努力を継続できるかどうかだということを学んだ気がします。それは、あのまま会社勤めをしていたら、経験できなかったことかもしれないとも思います。

困難のない人生、失敗しない生き方などありません。困難や失敗を恐れることなく、真正面から対峙して、努力して苦難を克服していく過程からのみ、本当の幸福を実感できるのだと信じています。

そして、わたくしたちが塾で、信念を持って子どもたちに接し、生き抜く力をしっかりと伝えていくことは、そのまま、わたくしたちの人生でもあるのだと、常に思っています。

6

おもてなしの

心

人を見抜く力をもっている

妻と二人三脚で十年以上、塾を運営してきました。

わたくしが関わる前からすると、妻が一人で約十年ほど塾をやっていた時期もあります。「リトルジーニアス」は、たった一人で運営されていた時期に確立された基本的なノウハウが、その後、ずっと継続され、いまに至ったものといえます。

もしかすると身内びいきと受けとめられてしまうかもしれませんが、そう思っているので、あえて申し上げます。二人三脚で仕事をしてきて、つくづく妻は、人を見る天才ではないかと思うことがしばしばあります。

わたくしたちの塾という仕事は、子どもや親御さんに接することが、中心であり、言うまでもなく対人関係が基本となっています。

ことに、妻の子どもを見る目の確かさには、舌を巻くことがよくあります。子どもと会っただけで、その子が学校で、あるいは家で、どう振る舞い、これまでどのように育てられてきたのかを一瞬で見抜き、ぴたりと言い当ててしまいます。

もともと長い間、大手塾で講師としての経験があり、多くのお子さんと接してきたためでもあるでしょう。くわえて、妻が子ども時代から、ずっと長年やっている邦楽の影響も大いにあるのではないかと思います。

日本の伝統芸能のひとつである邦楽を基礎から本格的に修行し、高いレベルにまで達した妻は、非常に感度の高い、いわばセンサーを身に付けているのではないかとすら感じてもいます。何気ない日常生活の場面においても、周りの動きや空気を鋭く察し、その場、その場に最適な行動を選択することができます。これは、なかなか真似ができないことです。

また、妻はいつでも身奇麗にしています。人は、まず見た目で判断をします。その人が自分に対し、敬意を払っているのか、どの程度の人間なのかを伝えるには、まず見た目を整えることが優先なのです。妻はその意識が非常に高い女性です。

自宅で個人塾を運営していると、まるで専業主婦の片手間のアルバイト感覚で子どもを教えているのではないかと思われることも多いようでした。

しかし、そうした副業意識からは、もっとも遠いのが妻だと言えるでしょう。

妻は、塾という形態のもと、お子さんをお預かりするということは、どういうことなのかを長い経験をもとに、自分なりに考え尽くしたうえで、塾を開きました。小さな小さな塾ではあるのですが、お子さんや保護者に対して、いかに接していくかという部分は、塾にとって非常に大切な要素であると思っています。

塾費用は低廉ではないのだが

「リトルジーニアス」の基本姿勢として、保護者ならびに通ってきて勉強しているお子さんがたは、「お客様」である、という意識を強く持っています。それは、授業料をお支払いいただくからであるだけではなく、わたくしたちはプロの塾講師として、遊びではなく、お子さんたちを育てあげていくという決意の表れでもあります。

わたくしたち「リトルジーニアス」における費用は、一般的な塾の授業料と比較すれば、はっきり申し上げて高額です。受験学年の小学校六年生の場合を例にとれ

一人ひとりに合った指導

10 数年分の過去出題
問題を完備

ば、一人のお子さんをお預かりするのに、月額およそ十五万円の費用をいただいています。

この金額の絶対額だけで比較された場合、有名大手進学塾と同等もしくは、それ以上の金額となります。けっして、費用が低廉な塾ではありません。もちろん、いただく費用に見合う以上の成果をあげていると自負しておりますし、その費用が高いと思われないだけの徹底した指導を常に実施している自信があります。

これだけの費用を支払い、わたくしたち「リトルジーニアス」を信頼して、お子さんを託してくださる保護者のかたがたに失礼がないように敬意を払って接するのは当然のことだと考えています。塾で「先生」と呼ばれる存在になると、なにか勘違いをして、自分が偉くなったかのように上から保護者の方を見たり、子どもたちに接してしまう場合も多いようですが、それは誤りだと思います。

「リトルジーニアス」は、高額の授業料をいただいているがゆえに、講師一人ひとりも、常に緊張感をもってお子さんにも接し、プロとしての意識を失わないように日々、精進しながら指導を行っています。

「おもてなしの心」で子どもに接する

「リトルジーニアス」において、講師が子どもたちに接する際の心がまえを、妻は、「おもてなしの心」という一語で端的に示し、その気持ちで一瞬、一瞬を全力で対応するようにしています。

塾において、どの瞬間にも「おもてなしの心」を実現させること、それはいわば、プロの塾講師としての矜持ともいえるでしょう。わたくしたちが勉強を教えるお子さんがたも、保護者と同じく大切な「お客様」です。けっして、子どもを甘やかす意味でとらえているのではありません。本当に子どもたちのことを考えるなら、一人ひとりを「お客様」として、大切に大切に接することが重要だと考えるからです。

塾に通ってくる子のなかには、塾に来たくない子どももいます。ときには、指定された宿題をやっていないので、塾を休んでしまうということもあるでしょう。もし、これが大手塾であったとするなら、出欠確認は運営マニュアルに沿って実施されはしても、休んだぶんの補完を実質的に行うことは、まずないだろうと思います。それは、休んだのは塾側の責任ではなく、子どもが来なかったのですから、塾としてはそれ以上は対応の仕様もないということなのでしょう。

しかし、「リトルジーニアス」は違います。

連絡なしに休んだ場合には、担当講師がとにかく連絡を入れます。そして、お子さんと電話でしっかり話をします。「終わりまでいなくてもいいから、これからでもいいので、とにかく塾に顔を見せなさい」と説得します。電話で解決しそうでない場合には、直接に会って話をするために、ご家庭に講師が訪問することもあります。

「リトルジーニアス」では、夕方から夜遅くまで、長い時間をお子さんと過ごすため、子どもたちが考えていること、生活上における微妙な変化や体調も、すぐに講師が気づきます。それは、勉強を進める過程でも起きる現象です。ふだんならスラスラ解けるはずの問題につまづいてしまったり、質問への応答が微妙にズレを生じたりするような、ほんの些細な部分から、子どもの異変に気づきます。

したがって、お子さんが何らかの変調をきたしていると気がつき、ケアすべき瞬間を逃すことなく対応が可能となります。

こうした対応のすべてが、「おもてなしの心」です。古典芸能を極めてきた影響なのでしょうか、妻は、周囲の空気感を察する点において、抜群の能力を有しています。邦楽をやっていると、三味線の音に合わせることや、状況を把握し、それぞれの状況に応じて自分が最も求められている立ち振る舞いをする必要があると妻は言います。

そうした経験が、塾の運営に自然に活かされ、講師全員にも影響を与えているのだろうと思います。

さまざまなケースに対応できるのがプロ講師

わたくしたちは、「プロの塾講師」たらんと日夜、努力を重ね、各人がその専門性を常に高めることを心がけています。「おもてなしの心」を実践し、一人ひとりのお子さんを全力でサポートすることをめざしています。しかし、それだけでは、本当のプロフェッショナルとはいえないと考えています。

わたくしたちの「リトルジーニアス」にお子さんを通わせている親御さんのなかには、さまざまな方々がいらっしゃいます。

高い知性と教養を兼ね備えておられ、ご自身のお子様においても、将来、何か興味のあることができたとき、「これを勉強しておこう」と取り組める子どもになってほしい、と、塾にお預けになっておられる親御さんもいます。中学受験も、たんに合格させることは目的ではなく、知的好奇心を喚起できる一つの機会として捉えておられます。こうした方は、少なくありません。そういった親御さんは、「リトルジーニアス」の理念をよくご理解くださり、賛同してくれています。

しかし、そうした親御さんばかりではないのが、むずかしいところです。なかには、過剰にお子さんを干渉し過ぎてしまうお母様もおられます。また、お子さんにプレッシャーを与え、自分の思い通りにならないと、その怒りの気持ちをお子さん

入試直前まで、全力でがんばる

に直接ぶつけてしまうようなお父様もまれにおられます。

過剰な期待を押しつけられたお子さんは、親が望むレベルと、自分の実力のギャップに気づいたとき、急に勉強をする気持ちが失せてしまい、親からみると原因不明で転げ落ちてしまったようにしか思えないことが、しばしばあります。そんな事態になっても、さらに親の思い込みからのプレッシャーを与え続けてしまい、その負の連鎖の悪循環となってしまう場合もあります。

難問を教えきれることがプロではない

さまざまな事情を抱えて、つぶれてしまった子どもを再生させるのは、とても大変です。「プロの塾講師」とは、むずかしい問題の解法を的確に教えられることで、すべてが事足りるものではないのです。ふつうの能力を持ち、勉強をする気になっている子が対象であるなら、中学受験における難問と言われるような類の問題を解説して、理解させるのは、じつは、そう大変なことではありません。教える側がポイントを的確に把握し、子どもたちが陥りやすい部分を意識して、子どもたちに伝わる言葉で説明すれば、ほとんどの子どもは、その場では納得し、分かってくれます。

中学受験について詳細な知識をお持ちでない保護者の場合、一見しただけでは解法の糸口も見あたらないような問題を、スラスラと解いて子どもに説明できる塾の先生が、プロの塾講師、カリスマ先生であるとお思いの方も多いことでしょう。また、一般には、そうした取り上げ方をされる場合がほとんどのようです。

しかし、塾の現場からの実感は大きく異なります。中学受験の指導において、ふつうの学力をもったお子さんの成績を伸ばすことは、そうむずかしいことではありません。ましてや成績上位生を鍛えて、超難関校に合格させることはプロ講師の立場からするなら、ある意味で、もっともやりやすい指導なのだともいえます。教える側の準備と知識さえあれば対応でき、教える側の努力次第で子どもたちは、予想通りの反応と学力の伸長を果たすからです。

誤解を恐れずに、申し上げるなら、超有名大手進学塾の最上位クラスの子どもたちを教えることが、もっとも容易であるといっても過言ではないのです。

勉強以前の課題を抱えた子どもたちに、勉強に目を向けさせ、ささくれだってしまった心を修復しつつ、再生させることの困難さにも、対応できるのが「プロの塾講師」だと思っています。

なかには、親に否定され自己肯定感をもてなくなってしまったり、過剰に親から関与され心が歪んでしまったお子さんもいます。親は愛情をかけているつもりでありながら、その愛情がうまくお子さんに伝わらず、無用なプレッシャーとなってしまっているような例も多くあります。

あるお母様の事例です。

たいへんに熱心な方でした。お子さんのことを大事に思われていたのでしょう。中学受験を志すということもあり、効果的に時間を活用してほしいという思いから、お子さんの行動スケジュールを、それは綿密に立てておられました。家から学校への行き帰りはもちろん、さまざまな日常生活の細かな行動にいたるまでスケジュールを定めておられたのです。お子さんのほうは、息が詰まりそうな思いだったはずです。

本来は、こうした部分はご家庭の問題です。大手塾なら、ほとんどがそうであるように塾が立ち入ることではないでしょう。しかし、「リトルジーニアス」のような塾は、そこが大手塾とは異なります。なんと、保護者やお子さんを「お客様」ととらえ、自他ともに「おもてなしの心」で接するべきだと説いている妻が、そのお母様を叱りつけたのでした。

「お母様のやり方は、けっしてお子さんのためになりません。このままでは、本当にお子さんが潰れてしまいますよ」

そう諭されたお母様は、深く反省し、お子さんをスケジュールで縛りつけることをやめたようでした。

また、以前は中学受験は「親の入試」という側面はあっても、それはどちらかというと「母親の関与する入試」という受けとめられ方をしてきたように思います。それが、近年は、中学受験情報が各種出回るようになったことや、一般週刊誌や経済雑誌などでも盛んに中学受験が取り上げられるようになった影響もあり、お子さんの中学受験に積極的に取り組まれるお父様も多くなってきました。各私立中学校が実施する学校説明会にも数多くのお父様方の姿を見かけるのは珍しいことではなくなってきています。

「母親だけが関与する入試」であるより、「両親が共に考えていく入試」に移行してきたことは好ましいことだと思います。ただ、なかには熱心に中学受験を研究するあまり、偏差値を中心とするデータ信仰に陥ってしまうお父様もときどき散見されます。各所からデータを収集し、ご自身で独自のプログラムまで組んで分析を試みるという、プロ顔負けの入試情報分析を手がけるようなお父様もおられます。

しかし、こうした状況が嵩じてしまうと、お子さんの偏差値ばかりを重視するようになり、自分で分析したデータにお子さんが到達しそうもないことを理由にお子さんに厳しく当たってしまうお父様がおられました。熱心さがお子さんにとっては逆に辛い現実となって重くのしかかってしまっていたのでした。そのときにも、妻は、そのお父様を少しも遠慮することなく、厳しく注意しました。注意というより叱っていると感じるほどでした。

高い授業料を支払い、熱心に子どもの成績を分析したことで、当の塾側から叱られてしまったのですから、ふつうなら気分を悪くして当然なのかもしれません。でも、そのお父様はそうではありませんでした。ご自身の誤りに気づかれ、すぐに深く反省され、それ以降は、妻を尊敬するようになられました。

このような家庭の問題に立ち入っていくのは、きわめてデリケートなことです。本来あるべきラインを一歩踏み込んでいくことになるからです。

しかし、だからといって問題があることを知りつつ放置することは、プロの塾講師のとるべき姿勢ではないと妻は考えているようです。子どものためにならないと判断したならば、あえて守るべきラインを自在に破ることができるのが、プロの講師であるのかもしれません。

大手塾での長い講師経験を経て、自宅で友人のお子さんをお預かりするような形で、個人塾を妻は開設しました。大手塾が自社開発の独自テキストを販売することを最優先させる企業方針であることに大きな疑問をもち、あるべき姿として小規模な個人塾という形態をあえて選びました。

その個人塾ならではの運営を展開するなかで、必要があるなら、各ご家庭の課題にもあえて立ち入ってでも、お子さんの将来を考えていくのが、本来のプロ講師だと考えています。家庭内のことまで立ち入るのは、プロとしていかがなものかという向きがあることは、百も承知のうえです。でも、大手塾ができないこと、しかし、必要であることは、たとえ大変であってもやり抜いていく、それこそが、小規模な個人塾だからこそできることであり、プロの塾講師の腕の見せ所なのだと思うのです。

プロがプロとして行動できるのは、このように大手塾の講師が教場で教える内容と同等もしくは、それ以上の学習指導ができることは当然として、お子さん一人ひとりが抱える課題にも、果敢に挑んでいく自由自在さが、多くのご家庭、保護者の信頼を勝ち得る要因となってきました。

そして、その根本には、「リトルジーニアス」が大切に考えている「おもてなしの心」があるのです。

7

もうひとつの家族

非日常的な経験で成長するこどもたち

毎年、夏休み期間に、「リトルジーニアス」では、東京を離れ、涼しい高原におもむいての「夏合宿」が実施されます。塾にとって、年間を代表する行事のひとつであり、子どもたちも講師も、非常に大切なものととらえています。

合宿の場所は、山奥の高原です。都会の喧噪を離れた涼しい場所で、澄んだ空気のもと、講師と子どもたちが寝食を共にしつつ数日間を過ごします。

明年に中学入試を控えた小学校六年生にとっては、受験生としての自覚を改めて持っていく絶好の機会ともなっています。この六年生は、合宿において、ふだんではしにくい勉強を二十四時間体制のなかで実践していく、厳しい試練の場でもあります。

いわば、子どもたちにとっては、非日常の経験をするのが夏合宿なのです。

合宿での授業風景

合宿での個人学習

合宿における受験学年の日程は、まさしく勉強漬けの生活です。与えられた課題をこなすまでは、子どもたちは遊ぶことも眠ることもできないというストイックな試練が続きます。

どのように課題をこなしていくか、各人に与えられる学習量も相当なものになります。でも、それを一人だけで立ち向かうのではなく、常に講師が横について、適切なアドバイスを与え、分からないことがあれば、すぐに質問できる態勢が整えられています。そして、仲間と共に学ぶことで、一人ではがんばれない子も、仲間が奮闘している姿を身近に見られることで、自分もがんばろうと思えるようです。

こうしたストイックな環境のなかで勉強したということは、夏以降の学習に大きなプラスをもたらしています。合宿という非日常的な経験によって、どの子も見違えるような成長をしてくれる姿を目にして、この仕事をしている醍醐味を、講師一同は強く感じています。

万全の態勢で合宿を実施している

「リトルジーニアス」の夏合宿は、常に万全の準備をしたうえで実施しています。二〇一三年の夏合宿は、講師陣五名全員が同行するとともに、この合宿のために子どもたちの引率や細々とした世話役を担当してくださる学生さんがスタッフに加わってくださいました。

ここに参加する子どもたちは、わずか十名程度しかいません。つまり、講師陣スタッフ一名あたり、二名以下のお子さんという、ある意味でぜいたくな指導の態勢での合宿なのです。

そして、この合宿に参加するのは、受験学年の子どもたちだけではありません。なかには、小学校五年生以下のお子さんもいます。そして、ときどきは小学校を卒業して中学生となった塾の卒業生も希望して合宿に参加することもあります。

「リトルジーニアス」では、ふだんの塾での授業も学校が終わった夕方から夜に至るまで長時間を講師と共に過ごしているのですが、合宿では、それ以上の丸二十四時間、いつも一緒に過ごします。

文字通り寝食を共にし、一緒にご飯を食べ、勉強し、眠ります。まるで、小さな家族のような時間が流れていきます。

こどもたちは、わたくしを「おとこ先生」、妻のことを「おんな先生」と呼びます。わたくしが塾に関与するようになって以来、誰ともなく言い出した呼称が、いつの間にか定着したものです。

合宿に来るたびに強く感じることがあります。それは、いま、ここでは、わたくしたち夫婦が、子どもたちの親代わりであるということです。これは、合宿だけではなく、ふだんの教室でも感じていることでもあります。

塾に通ってきてくれている子どもたち、一人ひとりを、自分の子どものようにおもっています。そして、子どもたちも親を慕うように、わたくしたち夫婦に親しんでくれるのは、塾をやっていてよかったと強く思えることです。

小学五年生の野外学習

スタートするのに遅すぎるということはない

長い間、様々な子どもを見てきました。

いまでも、強く印象に残っている一人の受験生がいました。その子は、なんと、小学校六年生の十一月になってから、私立中学校を受験したいと塾を訪れたのでした。中学受験の常識からするなら、中学受験の状況を良く理解しているご家庭では、小学校四年生になるころから塾に慣れることを目的で通い始める例が多いようです。なかには、小学校三年生の段階から、塾に通われる方もおられます。そして、遅い時期のスタートをする場合でも小学校五年生からというのが一般的だろうと思います。

それが、小学校六年生の秋、それも十一月ですので、入学試験まで残された期間は、わずかに二ヶ月半、中学受験のラストスパート期間といわれる「あと百日」というラインを大きく割り込んだ時間しか残されていないのです。

誰が考えても、遅すぎるスタートです。しかも、これまで中学受験に関する勉強は、ゼロの状態です。ふつうの塾であれば、なかなかお引き受けしがたい事例ではないかと思います。でも、わたくしたちは、あえてお引き受けいたしました。

のこされた二ヶ月半、七十日余という限られた時間のなかで、できる限りのことをしようと講師一同が一丸となって指導を開始しました。

潜在的な資質として優れたものを有しているお子さんではありましたが、なにしろ、これまで受験勉強をまったくしていませんので、ゼロからのスタートです。中学入試に向けての基礎力を早急につけることに、まず腐心しました。受験科目の勉強をひたすら一緒に進めるとともに、入試に必要な暗記事項を精査して、必要なことはしっかりと覚えさせることをしました。また、最低限必要な入試問題を解いていくテクニックの伝授もおこないました。

とにかく時間が足りません。ほかの子が二年、三年近くもかけてこなす分量をわずか二カ月半でやらなければならないのです。塾での学習は、連日深夜におよび、お子さんの体力がもつならば、徹夜に近いかたちでの勉強を続けました。家に帰っても効率的な勉強ができないと判断したときには、塾での泊まり込みの態勢をとり、生活面をふくめてすべてにわたって面倒を見ることにしました。

本人も、さぞかし大変だったことでしょう。でも弱音をはくことなく、がんばり通しました。そうこうするうちに、すぐに二月の入学試験を迎えました。

結果は、見事に志望校に合格しました。ご本人もさることながら、親御さんが喜んでくださり、わたくしたちも大きなやり甲斐を感じたものです。

その私立中学校に進学後も、成績優秀で、常にトップクラスの成績を維持していました。

障害を持つお子さんもお預かりして

「リトルジーニアス」では、入塾テストはおこなっていません。希望するお子さんは、どなたでも受け入れることを原則としています。塾の内容をよくご存じの方などのご紹介もあり、ほんとうにさまざまなお子さんがお見えになります。

なかには、障害を持つ子どもたちがやってくることがあります。そして、それは少なくない数の子どもたちです。そうしたお子さんは、かわいそうなことに、学校において、いろいろなかたちで差別を受けて苦しい学校生活を送っています。

そうしたお子さんをお持ちの親御さんは、状況を打破する積極的な方策として、中学校を私立中受験させようとお考えになる例が多いようです。ご本人の将来を考えたとき、それも有効な方法であろうと思われます。


そうした障害をもったお子さんは、暗に陽に、それはひどい「いじめ」を受けて苦しんでいる場合が多くあります。そうした「いじめ」が原因で、教室に入ることができず、保健室登校の状態になっていたお子さんがいました。

わたくしどもを訪れ、学校での状況を、泣きながら語ってくれました。それは陰湿な「いじめ」の数々でした。担任の教諭も「いじめ」の事実を覚知しながら、放置したままで何の対応策もとってくれませんでした。

そこで、わたくしたちは、毎日、お子さんと話をつづけ、「今日は、どんなことがあったのか」「誰からどんなことを言われたのか」を事細かに逐一まとめて記録し、それを学校側に突きつけました。

そのお子さんは、学習障害がありました。経験のない教諭には、どう対応していいのか分からなかったのかもしれませんが、そうした児童こそ手厚い対応をしていくのが、本来あるべき公立教育なのですが、その余裕も人材も払底しているのが、残念ながら公教育の実態であるのかもしれません。

学習障害が重度であり、なかには漢字を満足に読むこともできない状況の子もいたりします。それでも、親御さんは可能性があるなら私立中受験をさせてあげたいと、悲痛な祈りにも似たお気持ちで「リトルジーニアス」にいらっしゃいました。

本来なら、進学塾がお引き受けできるタイプのお子さんではないのかもしれません。でも、なんとかしてあげたいと思い、こうした方もお引き受けするようにしています。受験勉強とはほど遠い文字の読み書きから勉強を開始し、漢字ドリルや基礎的な計算練習を、それは辛抱強く繰り返す毎日が続きました。ご本人も大変だったでしょうが、担当する講師のほうも、それは神経がすり減るような苦難の連続でした。

そんな状態からスタートしたお子さんであっても、徐々に顕著な進歩を遂げ、最終的には、むずかしいといわれる私立中学校受験をクリアして合格を果たしていったのです。

耳が不自由なお子さんをお預かりしたこともあります。一般に考えれば重度の障害なのかもしれませんが、読唇術を駆使して、わたくしたち講師の話を理解しようと必死にがんばってくれました。

この子の親御さんも、立派な信念をお持ちのご両親で、

「この子は、親がいなくなれば、一人で生きていかなければなりません。塾で、もし帰りが遅くなったとしても、一人で家に帰らせるようにしてください。いまから、そうした鍛錬をしておくべきだと考えています」

と、おっしゃっておられ、本当にお子さんのことをお考えになっているのだと、感心したものです。耳が不自由であっても、漢字や英語なども、すべて講師の口を見ることでマスターしていきました。こうしたお子さんにも、わたくしたちのできる限りの範囲で指導できていることを誇りに思っています。

また、目に見える障害はなくとも、心に深い傷を負っているお子さんがお見えに

なったこともあります。そのお子さんは、スパルタ指導で知られる名門塾に通っていました。そのお子さんは、ほんとうに努力し、ご両親がおっしゃるには「泡を吹くほどがんばっています」とのことでした。

ある日、親御さんが塾にお迎えに行ったところ、塾でおこなったテストで百点ではないものは床にまき散らされていたのだそうです。おそらくは、懲罰的な意味を含めて担当講師が手渡すのではなく、満点がとれないような答案は投げ捨てたということなのでしょう。床にひざをつきながら、その投げ捨てられた答案を拾い集めるお子さんの姿を見て、親御さんは、即座に、「塾を変えよう」と決意され、「リトルジーニアス」にやってこられました。

どうしても塾をさぼりがちなお子さんも、まれにいます。なかには、自室に内側からカギをかけて外から開かないようにして部屋に閉じこもってしまうような子もいます。

そんなとき、どうしても、その子に会って話をする必要があると判断すれば、躊躇することなくカギを壊してでも室内に入るようにしたものです。親御さんが、もし、そのようにしたとするなら、より反発が大きくなったのかもしれませんが、わたくしたちが、わざわざ家までやってきて、カギを壊してまで自分に会おうとした意味と気持ちは、子どもにも通じるものです。

塾に来たくないのは、なぜなのかをじっくりと話し合うことで、そのお子さんの課題を少しずつ解消するようにしていくのも、わたくしたちの使命であると考えています。

成長した子どもたちに再会して

すべて、わたくしたちは子どもたちを第一と考えて塾を運営しています。小規模な個人塾でなければできないことをやっていくことが、自分たちの役割であると認識しています。

わたくしたちの密かな喜びの一つは、塾を卒業した子たちが成長して、ふたたび塾に顔を出してくれるときです。

「おんな先生のおかげで、いまがあります」

「おとこ先生に鍛えられたため、社会人となってもがんばれています」

そんな話を聞くと、本当に塾をやっていて良かったと思えます。


わたくし自身も三人の子どもの父親でもあります。親であること、子どもをきちんと育てあげることの大変さは、身にしみて分かります。

非常に多くなってきている高学歴のご両親が、少なくとも自身と同等以上の高等教育をお子さんに施したいと願う気持ちは理解できるものです。しかし、子どもを思うがあまり、過度な期待をし過ぎることが、程度を逸すると、それは意識しない虐待に近いものに転じてしまいます。

わが子の幸せを願ってのことが、じつは、わが子を追いつめてしまうという事態になってしまうのです。

世のお父様、お母様、どうか、ご自身のお子様を、どんなことがあったとしても、「ダメな子」だとは思わないでください。「ダメな子」など存在しないのです。

また、少しぐらい成績が不振だったとしても、それでお子さんの将来がすべて否定されるものではありません。「リトルジーニアス」の門をたたかれた多くのお子さんが実証しているように、いま、一時的に成績が悪かったとしても、そこからの努力しだいで、どこまでも伸びていくのが子どもです。

子どもを思い、厳しく接していくことと、感情のおもむくままに叱りとばすことは本質的に意味合いが違うものです。かわいがることと甘やかすことも違います。叱るべきときは冷静になり、きちんと叱ってあげてください。かわいがるときは、遠慮なく存分にかわいがりましょう。

そして、子育ての過程においては、さまざまな悩みに直面することもあるだろうと思います。親御さんも迷い、自信を失ってしまうこともあるかもしれません。そうしたとき、親御さんだけで、一人だけでがんばろうとしないことです。周囲にSOSを発信し、助力をもとめるようにしましょう。

ことに、勉強に関しては、けっしてあきらめないでください。ことに、小学生段階において成績が良いとか悪いとかいうのは、ほんの一時的な現象にしかすぎないのです。これまでご紹介した多くの「リトルジーニアス」の子どもたちのように、世間一般からは相手にもされないような成績不振児たちが、周囲も驚くような名門難関校につぎつぎに合格を果たしている例もあるのです。

勉強面における再生復活の道は、いくらでもあります。

わたくしたちは、そのためには、どんなことでも尽力するつもりでいます。

「リトルジーニアス」は、お子さんにとっても、親御さんにとっても、塾そのものが「もうひとつの家族」なのだと考えています。

「むすび」にかえて

「リトルジーニアス」の実践と、塾を通じて出会った皆さんの奮闘ぶりを、本書においてご紹介してまいりました。

無用に飾ったり、また遠慮していいたいことを書かないのではなく、わたくしが塾を通じて感じたこと、考えていることを素直に記したつもりです。

そして、その根底に、大手塾への痛烈な批評も展開してまいりました。しかし、わたくしとしては大手塾を批判することが本意ではありません。大手進学塾も、それぞれにおいて民間教育としての存在意義を果たすべく運営をされていると思います。ただ、「子どもを育て伸ばしていく場」という観点から考察したとき、大手塾のようなシステムが適合しないお子さんも少なくないという事実をお伝えしたかったただけです。

思えば、この三十年間から四十年間における塾をめぐる社会的な認識は、驚くほど大きな変化を遂げました。それは、社会の変容の程度を上回るほどのものなのかもしれません。背景には、首都圏を中心にして私立中学校受験が普及、一般化したことがもっとも大きな要因のように思います。

すでに、いまから三十年前の時点において、首都圏では一定の層が、子弟に私立中学校受験をさせはじめていました。まだ、現今のように大規模進学塾は数多くはなく、中小規模、地域一番塾といわれるような塾が、そうした受験を望む子どもたちの指導を担当するところから進学塾が発展、成長してきました。

しかし、塾創生期においては、かならずしも進学塾は社会全般から好意的に受け入れられていたわけではありませんでした。とくに、公教育関係者からは、「塾罪悪論」が展開されることは珍しいことではなく、識者といわれる人々は、塾を「必要悪」の存在ととらえるのが一般的であったといえるでしょう。

そうしたなか、各地で塾を創設し、地元の子どもたちの教育にあったってこられた多くの塾草創期の先輩諸氏のご尽力には、改めて敬意を表したいと思っています。資源に乏しい日本において、子どもたちの教育は国家百年の大計に値するものです。さまざまな教育形態が存在するなか、学びたいと欲する子どもたちと正面から向き合い、もし、希望する学校があるなら、そこに合格できる学力をつけていこうと、多くの方々が塾という形態のなかで、民間教育を担ってこられました。

わたくしたち「リトルジーニアス」も、そうした塾の系譜の一端に属するものですが、ただ、いま、わたくしが強く思うのは、そうした塾という教育形態において、多くの人たちが、子どもを育てる、教育していくという本旨を見誤っているのではないかという危惧を抱かざるを得ない点です。

本書でも繰り返して強調いたしましたが、あまりに効率のみを追いかけ、合格至上主義に振り回され、本来は志望する学校への合格可能性を合理的に判断する一つの指標として統計学・数学における標準偏差という尺度に過ぎなかった「偏差値」

なる数値が、いつの間にか、一人歩きしてしまうようになり、子どもの評価そのものと同義であるかの誤解が社会全体に蔓延してしまいました。

そして、偏差値が高いことのみが子どもの価値を示すものであるかのように認識されるようになってしまいました。

これは、明らかに誤りです。子ども、ことに小学生段階においては、多少の差異はあるものの、この時点における到達度の違いは、見かけほど大きなものではありませんし、本質的な違いではないのです。

そして、多くの方々が望まれる私立中学校入試も、偏差値ですべてが決せられるものでもありません。

成績が悪い、勉強ができない、そんな子は、「ダメな子」ではないのです。

どの子も伸びる資質を持っています。そして、それは事実です。

わたくしたち「リトルジーニアス」は、本当に小さな塾なのですが、この世の中に「ダメな子など存在しない」という事実を実証し続けてきたと自負しております。

そんな小さな塾の実践をご紹介したく、本書を編みました。

最後に、本書が誕生するきっかけをつくってくださり、日頃から「リトルジーニアス」に有益なるアドバイスをしていただいている森上教育研究所の森上展安先生に、心より御礼を申し上げたいと思います。

本書が、お子さんをお育てになられている多くの親御さんにとって、少しでも参考になる部分があれば、著者として望外の幸せです。

二〇一四年一月

著者

仲戸川 智（ナカトガワ・サトル）
1956年横浜に生まれる。
東京都立大学　工学部卒業後
建築関係のエンジニアを経て
2003年横浜市内に「リトルジーニアス」を開校
現在（都内2教場）に至る。
一級建築士。

リトルジーニアス用賀校
東京都世田谷区用賀 2-36-15 ヴィラアート用賀 3F
リトルジーニアス白金高輪校
東京都港区高輪 1-2-16 フラットウエル高輪 5F

✆ ⊃ 0120-045-277
URL ⊃ http://www.little-g.jp

「奇跡の進学塾」
リトルジーニアスの挑戦

2014年2月15日　初版第1刷印刷
2014年2月20日　初版第1刷発行

著　者　仲戸川 智
発行者　森下紀夫
発行所　論 創 社
東京都千代田区神田神保町2-23　北井ビル
tel. 03（3264）5254　fax. 03（3264）5232　web. http://www.ronso.co.jp/
振替口座　00160-1-155266

装　幀　宗利淳一
印刷・製本　中央精版印刷

ISBN978-4-8460-1310-3　C0037